ସହସ୍ର ଜହ୍ନର ରାତି

(କବିତା ସଂକଳନ)

ପ୍ରଫେସର ଅରୁଣ ଚନ୍ଦ୍ର ସାହୁ

ବ୍ଲାକ୍ ଇଗଲ୍ ବୁକ୍ସ
ଭୁବନେଶ୍ୱର, ଓଡ଼ିଶା

BLACK EAGLE BOOKS
Dublin, USA

ସହସ୍ର ଜହ୍ନର ରାତି / ପ୍ରଫେସର ଅରୁଣ ଚନ୍ଦ୍ର ସାହୁ

ବ୍ଲାକ୍ ଇଗଲ୍ ବୁକ୍ସ : ଭୁବନେଶ୍ୱର, ଓଡ଼ିଶା ● ଡବ୍ଲିନ୍, ଯୁକ୍ତରାଷ୍ଟ୍ର ଆମେରିକା

BLACK EAGLE BOOKS

USA address:
7464 Wisdom Lane
Dublin, OH 43016

India address:
E/312, Trident Galaxy, Kalinga Nagar,
Bhubaneswar-751003, Odisha, India

E-mail: info@blackeaglebooks.org
Website: www.blackeaglebooks.org

First International Edition Published by
BLACK EAGLE BOOKS, 2025

SAHASRA JANHARA RATI
(Collection of Odia Poems)
by **Prof. (Dr.) Arun Chandra Sahu**
Email: sahuac52@gmail.com

Copyright © **Prof. (Dr.) Arun Chandra Sahu**

All rights reserved. No part of this publication may be reproduced, stored in a retrieval system, or transmitted, in any form or by any means, electronic, mechanical, photocopying, recording or otherwise without the prior permission of the publisher.

Cover & Interior Design: Ezy's Publication

ISBN- 978-1-64560-686-4 (Paperback)

Printed in the United States of America

ଉତ୍ସର୍ଗ

କବିତାରେ ବିମୁଗ୍ଧ ହେଉଥିବା
ପ୍ରିୟ ପାଠକ ଓ ପାଠିକାମାନଙ୍କୁ....

– ଅରୁଣ ଚନ୍ଦ୍ର ସାହୁ

କୃତଜ୍ଞତା

ଏ କବିତା ସଂକଳନର ଅଧିକାଂଶ କବିତା ଓଡ଼ିଶାର ବିଭିନ୍ନ ପତ୍ରପତ୍ରିକା ଯଥା: ଅକ୍ଷାଂଶ, ବର୍ତ୍ତିକା, ସମାରୋହ, ସୁଧନ୍ୟା, ସମୟର ଶଙ୍ଖନାଦ : କାବ୍ୟଲୋକ, ଶ୍ୱେତ ସଙ୍କେତ, ଶତଦ୍ରୁ, ଚିର ସମର୍ଥା, ଯୁଗଶ୍ରୀ ଯୁଗନାରୀ, ସପ୍ତର୍ଷି (ସମ୍ବଲପୁର ବିଶ୍ୱବିଦ୍ୟାଳୟର ମୁଖପତ୍ର), ବିଶ୍ୱମୁକ୍ତି, ଯୁବପ୍ରଭା, ବନଫୁଲ, ଗୋଧୂଳି, ଆଶ୍ରୟର ମୁଖପତ୍ର, ପକ୍ଷୀଘର, ଅଭିଯାନ, ବି.ଜେ.ବି- ୭୩ର ସୋଭନିର ତଥା ବି.ଜେ.ବି. ଫ୍ରେଣ୍ଡସ୍‌ର ସୋଭନିରରେ ବିଗତ ଚରିବର୍ଷ ମଧ୍ୟରେ ପ୍ରକାଶିତ ହୋଇଥିବାରୁ ଉକ୍ତ ପତ୍ରପତ୍ରିକାର ସମ୍ପାଦକ / ସମ୍ପାଦିକାମାନଙ୍କୁ ମୁଁ କୃତଜ୍ଞତା ଜ୍ଞାପନ କରୁଅଛି ।

ଏ ସଂକଳନର ପ୍ରସ୍ତୁତିରେ ମୋ ଧର୍ମପତ୍ନୀ ସୁସାହିତ୍ୟିକା ଭାନୁମତୀ ସାହୁଙ୍କ ଅକୁଣ୍ଠ ସହଯୋଗ ଓ ପ୍ରେରଣା ନିମିତ୍ତ ମୁଁ ତାଙ୍କୁ ଏ ଅବସରରେ ମୋ ହୃଦୟର ଗଭୀରତମ ପ୍ରଦେଶରୁ ଧନ୍ୟବାଦ ଅର୍ପଣ କରୁଅଛି । ମୋର ପୁତ୍ରକନ୍ୟା, ନାତିନାତୁଣୀ, ବନ୍ଧୁବାନ୍ଧବ, ସଖା, ସହଦୋରଗଣଙ୍କ ସଦିଚ୍ଛା ଯୋଗୁଁ ସେମାନେ ମୋର ଧନ୍ୟବାଦାର୍ହ । ସୁନ୍ଦର ପରିପାଟୀରେ ଏହାର ପ୍ରଥମ ଆନ୍ତର୍ଜାତିକ ସଂସ୍କରଣ ପ୍ରକାଶ କରିଥିବାରୁ ମୁଁ ଏହାର ପ୍ରକାଶକ 'ବ୍ଲାକ୍ ଈଗଲ ବୁକ୍ସ'ର ଶ୍ରୀ ସତ୍ୟ ପଟ୍ଟନାୟକ ଓ ଶ୍ରୀ ଅଶୋକ ପରିଡାଙ୍କୁ ଧନ୍ୟବାଦ ଅର୍ପଣ କରୁଅଛି । ପୁନଶ୍ଚ ସୁନ୍ଦର ଅକ୍ଷରସଜା ନିମନ୍ତେ କଟକର 'ଗୁଡ୍‌ଡୁ ଡିଟିପି ଆର୍ଟ'ର ଶ୍ରୀ ବିଜୟ କୁମାର ମହାନ୍ତି ମଧ୍ୟ ଧନ୍ୟବାଦାର୍ହ । ପରିଶେଷରେ ମୁଁ ସର୍ବବ୍ୟାପୀ ସର୍ବଜ୍ଞ ସର୍ବଶକ୍ତିମାନଙ୍କ ଐଶ୍ୱରୀକ ଆଶିଷରୁ କାଣିଚାଏ କାମନା କରୁଅଛି ।

ଅରୁଣ ଚନ୍ଦ୍ର ସାହୁ

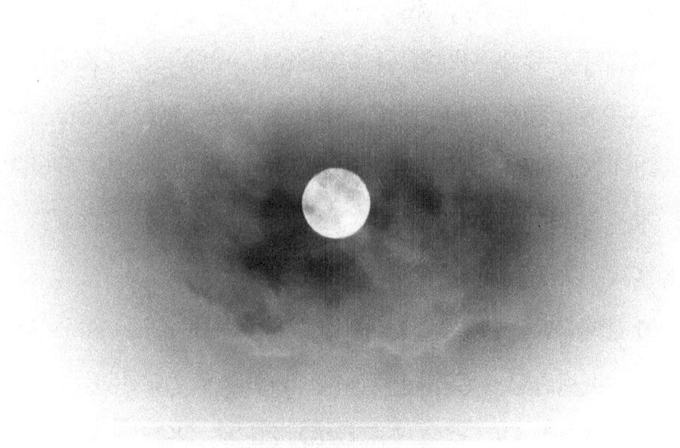

ଏହି କବିତା ସଂକଳନର କେତୋଟି ବିଶେଷ ପଦ

'ସହସ୍ର ସହସ୍ର ଇଚ୍ଛାମାନେ
ଦୋଳି ଖେଳୁଛନ୍ତି ସ୍ପର୍ଦ୍ଧିତ ବରର ଓହଳେ
ସ୍ନାନ କରି ସହସ୍ର ଜହ୍ନଙ୍କ ଜ୍ୟୋତ୍ସ୍ନାରେ
ପଛରେ ଫିଙ୍ଗି ଦେଇ ଈର୍ଷା ଦ୍ୱେଷମାନଙ୍କୁ
ଗୋଟି ଗୋଟି କରି ।'

— ସହସ୍ର ଜହ୍ନର ରାତି

'ସେ ଶବ୍ଦ ଭାଙ୍ଗିବାର ଶବ୍ଦକୁ
ରୂପାନ୍ତରିତ କରିପାରିଲେ ହେଲା
ଶବ୍ଦର ଅର୍କ କ୍ଷେତ୍ରରେ
ଶବ୍ଦର କୋଣାର୍କରେ ।'

— ଶବ୍ଦ ଭାଙ୍ଗିବାର ଶବ୍ଦ

'ଝାଉଁଗଛର ଆଖି ବା ସମୁଦ୍ର ଢେଉମାନଙ୍କ
ଜମାନବନ୍ଦୀକୁ କ'ଣ ଡର ଅଛି
କନ କନ ହୋଇ ଘୁରିବୁଲୁଥିବା
ପ୍ରଜାପତିମାନଙ୍କୁ, ସେମାନେ ଯେ
ପ୍ରେମର ଗାନ୍ଧାରରେ ଅନ୍ଧ ।'

— ଅନ୍ଧ ପ୍ରଜାପତି

'କେବଳ ଦୂରରୁ ଶୁଭୁଛି ହ୍ରେସ୍ୱା ଧ୍ୱନି
ମାୟାରେ ଦୌଡୁଥିବା ଅଶ୍ୱମାନଙ୍କର
ଯାହା ଉପରେ ସବାର
ଏ ଯୁଗର ମାୟା ନର ।'

— ମାୟା ମୃଗ

‘ଏ ସହରରେ କିନ୍ତୁ
ସଂଧ୍ୟା ହେଲେ ରାତିଯାକ ଦିନ ହୁଏ
ଗହଳି ଚହଳି ଲାଗି ରହେ
ପାହାନ୍ତିଆରୁ ରାତି ଆରମ୍ଭ ହୁଏ ।
ଏବେ ଆମେ ବହୁତ ଆଗେଇ ଯାଇଛୁ
ନୁହଁ ସନାତନ !’

– ମିଛମାନେ ଏଠି

‘ମୋର ଅନୁଗତ ଇନ୍ଦ୍ରିୟମାନେ
କ’ଣ ଆଉ ଦେଖାଯାଉନାହାନ୍ତି
ନୌକାଟି ନା ନଦୀଟି କ’ଣ ଆସ୍ତେ ଆସ୍ତେ
ରୂପାନ୍ତରିତ ହେଉଛି ଏକ ଅଦୃଶ୍ୟ ନାରୀରେ ।’

– ରୂପାନ୍ତର

‘ଅଗନାଅଗନି ବନସ୍ତରେ
ଜଗି ବସିଛି ଶିକାରୀ ବାଘ
ରୂପ ବଦଳଉଛି କ୍ଷଣକୁ କ୍ଷଣ
କବ୍‌ଜା କରିବାକୁ
ସେ ମିରିଗର ଶବ୍‌ଦର ହୃଦୟ
ପିଇବାକୁ ତା’ର ଉଷୁମ ତାଜା ରକ୍ତ ।’

– ଶବ୍‌ଦ ଶିକାର

‘ସମୟକୁ ଦୋଷ ଦିଏ
ନାଟର ଗୋବର୍ଦ୍ଧନ ସିଏ
କାହାକୁ କନ୍ଦାଏ
କାହାକୁ ହସାଏ
ଏ ଦୁନିଆଁର ରଙ୍ଗମଞ୍ଚରେ
ତା ପରି ସରି ହବ କିଏ ?’

– ସ୍ତବ୍ଧ ସମୟ

‘ସମୟ ଜଳୁଚି ଦୀପରେ
ଆମେ ସବୁ ସଳିତା ଜଳୁଚେ
ଇନ୍ଦ୍ରିୟମାନଙ୍କ ଘିଅରେ
ଘିଅ ସରିଗଲେ ସଳିତା ସବୁ
ପୋଡ଼ି ପାଉଁଶ ହୋଇଯିବ
ଖାଲି ଦୀପ ଯାହା ପଡ଼ି ରହିଥିବ ।’

— ସମୟ

‘ମୋର ରୋଗାଗ୍ରସ୍ତ, ଜରାଗ୍ରସ୍ତ ବିଷଣ୍ଣ ଶରୀରର
ଲୋମକୋଷ ସରହଦରେ ମ୍ଳାନ ଜହ୍ନ ଅସ୍ତ ଯାଏ
ନିଷ୍ପ୍ରଭ ନକ୍ଷତ୍ରମାନେ ଅନୁତାପ ଦାବାନଳରେ
ଆଖିରୁ ଗଡାନ୍ତି ଟୋପା ଟୋପା ତତଲା ଲୁହ ।’

— ସମୟର ପଦଚିହ୍ନ

‘କ୍ଲାନ୍ତ ଚଢ଼େଇଟି ଲୋଟିପଡ଼େ
ତାର ସୁରକ୍ଷିତ ନିବୁଜ ବସାରେ
ଯାହାକୁ ସେ ହୃଦୟରୁ ରକ୍ତ ନିଗାଡ଼ି
ଗଢ଼ିଛି ବିଶ୍ୱାସର କାଠିକୁଟାରେ ।’

— ନିର୍ଲିପ୍ତ ସମୟ

‘ମୋର ଯେତେ ଯେତେ ଶକ୍ତି ସାମର୍ଥ
ଶୌର୍ଯ୍ୟ ବୀର୍ଯ୍ୟର ଅଭେଦ୍ୟ ଦୁର୍ଗ
ଖଣ୍ଡ ଖଣ୍ଡ ହୋଇ ମିଶି ଯାଉଅଛନ୍ତି ମାଟିରେ
ଶୂନ୍ୟରୁ ଖସୁଥିବା ଭୟଙ୍କର ବଜ୍ରପାତରେ ।’

— ତ୍ରିଶୂଳ

'ମୁଁ ସେମାନଙ୍କ ଡେଣା ଦିଓଟି ମାଗିଲି
କିଛି ସମୟ ପାଇଁ
ସୁନୀଳ ଆକାଶର ନୀଳ ରଙ୍ଗ
ଆକଣ୍ଠ ଭରି ପିଇବା ପାଇଁ ।'

– ସାତପଡା

'ଯଦି କାମନାମାନଙ୍କର
ହୋଇଗଲା ଧୂଳିସାତ
ଘରେ ଘରେ ବିରାଜିବେ ସିଂହବାହିନୀ
ଦୁଃଖୀଦେବୀମାନେ ହାତରେ ଖଡ୍‌ଗ
ତ୍ରିଶୂଳ ଧରି, ରେରେକାର କରି
ପ୍ରକମ୍ପିତ କରିଦେବେ ସାରା ମେଦିନୀ ।'

– କାମନା ଓ ଦୁଃଖ

'ତଥାପି ଆମେ ଦୁହେଁ ଏପରି ଚାଲୁଥିବା
ସମାନ୍ତରାଳ ରେଖାରେ
ପରସ୍ପର ସହ ମିଳିତ ହେବା ପାଇଁ
ଅନନ୍ତ ସମୟ ପରେ
ଏକ ଅନନ୍ତ ବିନ୍ଦୁରେ ।'

– ଅନନ୍ତ ବିନ୍ଦୁରେ

'ଅତୀତର ମହାର୍ଘ ମୁହୂର୍ତ୍ତମାନେ
ଉଡ଼ିଗଲେଣି କର୍ପୂର ପରି ତ
ଆମେ ଖାଲି ପଡ଼ି ରହିଛେ
ଆମର ଅଧା ଅଧା ପୃଥିବୀରେ
ସଫେଦ୍ କନା ପରି
ଯାହାର ଆଉ ସେ ଶକ୍ତି ନାହିଁ
ବାନ୍ଧି ରଖିବାକୁ ସେ ସୁଗନ୍ଧିତ କର୍ପୂରକୁ ।'

– ଅଧା ଅଧା ପୃଥିବୀ

'ସମ୍ପର୍କମାନେ ଅଧା ଅଧା ହୋଇଯାଉଛନ୍ତି
ଈର୍ଷାଦ୍ୱେଷମାନେ ଅଧା ଅଧା ହୋଇ
ପୁଣି କ'ଣ ହୋଇଯାଉଛନ୍ତି ଯୋଡି
ପୂର୍ଣ୍ଣ କରିବାକୁ ସମସ୍ତ ସମ୍ପର୍କ ।'

– ଅଧା ଅଧା ନକ୍ଷତ୍ର

'କହି ଦେଇଥିବା କଥା
ଫେରି ଆସେନା
ବହିଯାଇଥିବା ନଈ
ଲେଉଟି ଆସେନା ।'

– କହି ଦେଇଥିବା କଥା

'କିନ୍ତୁ ଲିଭିବନି କ୍ଷତ ଚିହ୍ନ
ରହିଥିବ ସେମିତି
ମନେ ପକେଇ ଦେଉଥିବ
ବେଳେବେଳେ ଆଖିରେ ଦି' ଟୋପା ଲୁହ
ଜକେଇ ଆସୁଥିବ ତ
ହୃଦୟରୁ ଦି' ଟୋପା ଲହୁ ବୋହି ପଡୁଥିବ ।'

– ଅଦୃଶ୍ୟ ଇଙ୍ଗିତ

ସମୟ ସୁଅରେ ଜଉଘର
ପୋଡ଼ିଯାଇ ପାଉଁଶ ହୋଇ
ମିଶିଯାଏ ଶୂନ୍ୟରେ
ହସ୍ତିନାପୁର କିନ୍ତୁ ଥାଏ
ତାକୁ ଆଉ କ'ଣ ଏବେ ଚିହ୍ନି ହୁଏ !

– କୋଣାର୍କ

'ତାର ସାଥୀ କୁଆଡ଼େ ଚାଲିଯାଇଛି
ନା ବସାରେ ବସି ଥଣ୍ଡା ଉଷୁମେଉଛି
ନା ଉଡ଼ିଯାଇଛି ଚନ୍ଦ୍ରଭାଗାର ସମୁଦ୍ର କୂଳ
ପର୍ଯ୍ୟଟକମାନଙ୍କୁ ଦେଖେଇବାକୁ
ମାଛ ଧରିବାର ଅପୂର୍ବ କୌଶଳ ।'

— କୋଣାର୍କର ଏକ ଏକେଲା ବଗ

'ସମୟର ଏ ଖେଳ
କାହାକୁ ଅମୂଲ ମୂଲ କରି ଦିଏ ତ
କାହାକୁ ଅଙ୍ଗାର, ସମୟ ସୁଅରେ
ଆମେ ଭାସୁଛେ, କାହାର ଯୁ ନାହିଁ
ସେଥିରୁ ମୁକୁଳିବାର ।'

— ଚନ୍ଦ୍ରଭାଗାରେ ସୂର୍ଯ୍ୟାସ୍ତ

'ମହା ପରାକ୍ରମୀ ସମ୍ରାଟର ମୁକୁଟ ପିନ୍ଧି
ହୀରାନୀଳା ମୋତିମାଣିକ୍ୟ ଖଞ୍ଜା
ସିଂହାସନରେ ବସି କରୁଥାଏ ଅଟ୍ଟହାସ୍ୟ
ନିର୍ଦ୍ଦୋଷକୁ ଶୂଳୀରେ ବସେଇବାକୁ
ଦୋଷୀ ବେକରେ ଫୁଲମାଳ ପକେଇବାକୁ
ଦେଉଥାଏ ଅକାଟ୍ୟ ନିର୍ଦ୍ଦେଶ ।'

— କଳାପାହାଡ଼

'ସତେ ଯେପରି ଅପେକ୍ଷା କରିଥିଲେ
ଯୁଗ ଯୁଗ ଧରି
ଲଭିବାକୁ କାହାର ସ୍ୱର୍ଗୀୟ ସ୍ପର୍ଶ
ନିମିଷକେ ବନିଯିବାକୁ
ସୁନ୍ଦରୀ ନାରୀ ।'

— ସ୍ୱର୍ଗୀୟ ସ୍ପର୍ଶ

‘ସ୍ୱପ୍ନମାନେ ଓହ୍ଲେଇ ଆସନ୍ତି
ମୋ ବଗିଚାର ଫୁଲମାନଙ୍କ ପାଖକୁ
କେତେ କ’ଣ ଚୁପି ଚୁପି କଥା ହୁଅନ୍ତି
ଫୁଲମାନେ ଖିଲ୍ ଖିଲ୍ ହସନ୍ତି ।’

– ସମ୍ଭାବନାର ପ୍ରତ୍ୟୟ

‘ଆଜି ଯେ ଚନ୍ଦ୍ରର
ନାହିଁ ଦେଖା ଦର୍ଶନ
ବୋଧହୁଏ ସେ ଉଡ଼ି ଯାଇଛି
କେଉଁ ଏକ ସ୍ୱପ୍ନିଳ ରାଇଜକୁ
ମଧୁଚନ୍ଦ୍ରିକାରେ ।’

– ମଧୁଚନ୍ଦ୍ରିକା

‘ଇଚ୍ଛାମାନେ ଯଦି ଫୁଲମାନଙ୍କର ସୁବାସ ହୁଅନ୍ତେ
ଆକାଙ୍କ୍ଷାର ମହୁମାଛିମାନେ
ମତୁଆଲା ହୋଇ ସେମାନଙ୍କ ମହୁକୁ ଚୁମନ୍ତେ
ଆକଣ୍ଠ ଭରି ।’

– ଇଚ୍ଛାମାନେ ଯଦି

‘କାଶତଣ୍ଡୀ ଫୁଲମାନେ କଲେ ମନ ଦୁଃଖ
କହିଲେ - ତମେ ନ ଆସିବାରୁ ସେମାନେ
ପକେଇ ପାରିଲେନି ତମ ଉପରେ
ଶୁଭ୍ର ଆଲଟ ଚାମର, ନଈପଠାର ବାଲିମାନେ
କେତେ ଅପେକ୍ଷା କରିଥିଲେ ଧରି ରଖିବାକୁ
ତମ ଲହୁଣୀ ପାଦର ଚିହ୍ନ ।’

– ଉଦାସୀନତାର ଚିହ୍ନ

'ଆଦିଗନ୍ତ ଦେଖାଯାଉଛି କ'ଣ
ଅଦୃଶ୍ୟ ରାଧା କୃଷ୍ଣଙ୍କ
ସ୍ୱର୍ଗୀୟ ଅନାବିଳ କେଳି
ଯାହାର ଆଦି ଅନ୍ତ କରି ହେଉନାହିଁ କଳି
ଏ କଳି କାଳରେ ।'

– ଶୂନ୍ୟ ମନ୍ଦିର

'ମନର ଇନ୍ଦ୍ରଧନୁରେ
ମମତାର ଶର ଯୋଖି
ଲକ୍ଷ୍ୟ ଭେଦ କଲି
ତମର ଅଦୃଶ୍ୟ ହୃଦୟକୁ ।'

– ମନର ଇନ୍ଦ୍ରଧନୁରେ

'ହଠାତ୍ ସନାତନ ଆଖି ପତାକୁ ଟେକି
ଅନେଇଦେଲା
କୁଆଡ଼େ କାଉଟେ ଆସି
ପିଣ୍ଡରୁ ଖୁମ୍ପାଏ ଧରି ଉଡି ଚାଲିଗଲା ।'

– ଆଶା ବୈତରଣୀ

'ଦୂରୁ ଟାଣି ହୋଇ ଆସନ୍ତି
ଅଗଣିତ କ୍ଷୁଧାର୍ତ୍ତ ଲୋଲୁପ ଆଖି
ଯେହ୍ନେ ଘୁରୁଥାନ୍ତି
ପ୍ରସ୍ଫୁଟିତ ପୁଷ୍ପ ଚତୁର୍ଦ୍ଦିଗେ
ଦଳ ଦଳ ମଧୁମକ୍ଷି ।'

– ମଧୁମକ୍ଷି

'ମନ୍ତ୍ରୀ ପାରିଷଦମାନଙ୍କ ମୁହଁରେ
ବୋଲା ହେବ ବରଫ ମିଶା ହସ
ତାପରେ ସେମାନେ ନିଭୃତରେ
ଖିଲ୍ ଖିଲ୍ ହୋଇ କାନ୍ଦିବେ
ଓ ଭାଙ୍ଗିଯାଇଥିବା କଲମରେ
ଦସ୍ତଖତ କରିବେ ।'

— ହୁଇପ୍ ହୋଇଛି ଜାରି

'ପର୍ବତରୁ ଅଗଣନ ଖସିବ ଗୋଟି ଗୋଟି
ପ୍ରକାଣ୍ଡ ପଥରଖଣ୍ଡ,
ଦୋକାନ ବଜାର, କୋଠାବାଡି ମଣିଷସବୁ
ନିମିଷକେ ବନିଯିବେ
ଅହଂକାର, ଔଦ୍ଧତ୍ୟର ଗୁଣ୍ଡ ।'

— ବିସ୍ଫୋରଣ

'ହସିଦେଲା ମେଘ ଟିକିଏ,
କାହିଁକି ହସିଲୁ ବୋଲି ପଚାରିଲାରୁ
କହିଲା - ଶକୁନି କାହିଁକି
ହସିଥିଲେ ବରଫଲଟିଏ ଭାସିଯିବାରୁ ?'

— ଲୁହ ଭର୍ତ୍ତି ଆଖି

'ତୁ ଯେ ସନ୍ତୋଷ, ସୌଭାଗ୍ୟ ଓ ଉନ୍ନତିର ପ୍ରତୀକ
ତୁ ଯେ ଅତି ପ୍ରିୟ କେଦାରନାଥ, ବଦ୍ରିନାଥଙ୍କ
ବିଷ୍ଣୁ ତତେ କରିଥିଲେ ଅର୍ପଣ ମହାଲକ୍ଷ୍ମୀଙ୍କୁ
ତୁ ଯେ ସମ୍ରାଟ ହିମାଳୟ ପୁଷ୍ପମାନଙ୍କ ।'

— ବ୍ରହ୍ମ କମଳ

'ପୃଥିବୀମାତାର ଶାଢ଼ିସାରା ପ୍ରଚଣ୍ଡ ପ୍ରଦୂଷଣ ।
ସେ ଏବେ କରିବ ଉଦଣ୍ଡ ନୃତ୍ୟ
ମା' ଦୁର୍ଗାଙ୍କ ଭଳି
ମହୀଷାସୁରର ହେବ ନିଶ୍ଚିତ ମରଣ ।'

– କ୍ରୋଧିତ ପୃଥିବୀ

'ଆଖି ଫାଡ଼ି ଦେଖ ଏବେ
ପୃଥିବୀମାତାର ଚକ୍ଷୁ ରକ୍ତାଭ
କ୍ରୋଧ ଜର୍ଜରିତ
ନିଶ୍ଚୟ ସେ ନେବ ପ୍ରତିଶୋଧ ।'

– ପ୍ରଦୂଷଣର ପରଦାରେ

'ଧର୍ମବକଙ୍କ 'ସତଠାରୁ ମିଛ
କେତେ ଦୂର' ପ୍ରଶ୍ନର ଉତ୍ତର
ଦେବାକୁ ଯାଇ କହିଥିଲେ ପରା ଯୁଧିଷ୍ଠିର
'ଚାଖଣ୍ଡେ ମାତର' ।'

– ଆପେକ୍ଷିକ ତତ୍ତ୍ୱ

କବିତାକ୍ରମ

ସହସ୍ର ଜହ୍ନର ରାତି	୧୯
ଶବ୍ଦ ଭାଙ୍ଗିବାର ଶବ୍ଦ	୨୧
ଅନ୍ଧ ପ୍ରଜାପତି	୨୩
ମାୟା ମୃଗ	୨୫
ମିଛମାନେ ଏଠି	୨୭
ରୂପାନ୍ତର	୨୯
ଶବ୍‌ଦ ଶିକାର	୩୧
ସ୍ତବ୍ଧ ସମୟ	୩୩
ସମୟ	୩୫
ସମୟର ପଦଚିହ୍ନ	୩୭
ନିର୍ଲିପ୍ତ ସମୟ	୩୯
ବଦଳି ଯାଉଥିବା ସମୟ	୪୧
ତ୍ରିଶୂଳ	୪୪
ସାତପଡ଼ା	୪୬
କାମନା ଓ ଦୁଃଖ	୪୮
ଦୁର୍ବୋଧ ଚିତ୍ରପଟ	୫୦
ଅନନ୍ତ ବିନ୍ଦୁରେ	୫୨
ଅଧା ଅଧା ପୃଥିବୀ	୫୪
ଅଧା ଅଧା ନକ୍ଷତ୍ର	୫୬
କହି ଦେଇଥିବା କଥା	୫୮
ଅଦୃଶ୍ୟ ଇଙ୍ଗିତ	୬୦
କୋଣାର୍କ	୬୨
କୋଣାର୍କର ଏକ ଏକେଲା ବଗ	୬୪
ଚନ୍ଦ୍ରଭାଗାରେ ସୂର୍ଯ୍ୟାସ୍ତ	୬୬
କଳାପାହାଡ଼	୬୯

ସ୍ୱର୍ଗୀୟ ସ୍ୱର୍ଶ	୭୧
ସମ୍ଭାବନାର ପ୍ରତ୍ୟୟ	୭୩
ଏଇ ତିରିଶି ବର୍ଷ ଭିତରେ	୭୫
କାଶୀରୁ ଏ ଆଶିଷ	୭୮
ମଧୁଚନ୍ଦ୍ରିକା	୮୦
ଇଚ୍ଛାମାନେ ଯଦି	୮୨
ଉଦାସୀନତାର ଚିହ୍ନ	୮୪
ଅସହାୟତାର ସ୍ୱର	୮୬
ନୀରବତାର ସ୍ୱର	୮୮
ଶୂନ୍ୟ ମନ୍ଦିର	୯୦
ଆଲୋକିତ ଅନ୍ଧାର	୯୨
ମନର ଇନ୍ଦ୍ରଧନୁ	୯୪
ଆଶା ବୈତରଣୀ	୯୬
ମଧୁମକ୍ଷି	୯୮
ହୁଇପ୍ ହୋଇଛି ଜାରି	୧୦୦
ବିସ୍ଫୋରଣ	୧୦୨
ଲୁହ ଭର୍ତ୍ତି ଆଖି	୧୦୪
ବ୍ରହ୍ମ କମଳ	୧୦୬
କ୍ରୋଧିତ ପୃଥ୍ୱୀ	୧୦୯
ପ୍ରଦୂଷଣର ପରଦାରେ	୧୧୧
ଆପେକ୍ଷିକ ତତ୍ତ୍ୱ	୧୧୩

ସହସ୍ର ଜହ୍ନର ରାତି

ମୁଁ ବସିଛି ସହସ୍ର ଜହ୍ନର
ରାତିର ଚାଦର ତଳେ ଏକା ଏକା ।

ମୋ ପାଖରେ କିଏ ଜଣେ
ବସିଥିବାର ହେଉଛି ପ୍ରତୀୟମାନ
ଯଦିଓ ଦେଖା ଯାଉଛି ଝାପ୍‌ସା ଝାପ୍‌ସା
ତା'ର ଅବୟବ ଓ ପର ମୁହୂର୍ତ୍ତରେ
ହୋଇ ଯାଉଛି ଉଭାନ,
ଏ ସହସ୍ର ଜହ୍ନର ରାତିର ଦିଗ୍‌ବଳୟରେ
ନା ମୁଁ ହୋଇଯାଉଛି ଉଭାନ
ସହସ୍ର ଜହ୍ନଙ୍କ ସହ
କେଉଁ ଏକ ଅଦୃଶ୍ୟ ଆକାଶର
ଅଦୃଶ୍ୟ ସୀମାନ୍ତରେ !

ସହସ୍ର ସହସ୍ର ନୀଳ କଇଁମାନେ
ମଣ୍ଡିତ କରୁ ଅଛନ୍ତି ନୀଳ ହସରେ
ସହସ୍ର ଜହ୍ନଙ୍କ ଜ୍ୟୋତ୍ସ୍ନାଧୌତ ଆକାଶ ମଣ୍ଡଳ
ଓ ପୁଣି ବନି ଯାଉଛନ୍ତି
ସହସ୍ର ସହସ୍ର ଶୁଭ୍ର କଇଁ
ଖିଲ୍‌ଖିଲ୍ ଶୁଭ୍ର ହସରେ ଯାଉଛନ୍ତି ନଇଁ ।

ସହସ୍ର ସହସ୍ର ଇଚ୍ଛାମାନେ
ଦୋଳି ଖେଳୁଛନ୍ତି ସ୍ୱର୍ଦ୍ଧିତ ବରର ଓହଳେ
ସ୍ନାନ କରି ସହସ୍ର ଜହ୍ନଙ୍କ ଜ୍ୟୋସ୍ନାରେ
ପଛରେ ଫିଙ୍ଗି ଦେଇ ଈର୍ଷା ଦ୍ୱେଷମାନଙ୍କୁ
ଗୋଟି ଗୋଟି କରି ।

ଅସୁମାରୀ ଆଶାମାନେ ବସା ବାନ୍ଧିଲେଣି
ଜଙ୍ଗଲର ଅଦୃଶ୍ୟ କୋରଡମାନଙ୍କରେ
ସେମାନଙ୍କ ନିଃଶବ୍ଦ ଶବ୍ଦରେ
ଶବ୍ଦାୟିତ ଗଗନ ମଣ୍ଡଳ, ଜ୍ୟୋସ୍ନା ମଣ୍ଡଳ ।

ତୁମେ କ'ଣ ହଠାତ୍ ଆବିର୍ଭାବ ହେଲ
ସହସ୍ର ଜହ୍ନଙ୍କ ମୁଖମଣ୍ଡଳରେ
ତମର ଏକ ଭିନ୍ନ ମୁହଁ
ଜାଜୁଲ୍ୟମାନ ହେଉଛି
ଗୋଟେ ଜହ୍ନର କଳଙ୍କରେ
ଓ ତାହା ପୁଣି ଲମ୍ବି ଲମ୍ବି ଯାଉଛି
ସହସ୍ର ସହସ୍ର ଯୋଜନ ଦୂର ପର୍ଯ୍ୟନ୍ତ
ଆଉ ଆଖି ପାଉ ନାହିଁ ମୋର
ଦେଖିବାକୁ ସେ ଦୁର୍ଲଭ ଦୃଶ୍ୟ
ଯାହା ସମସ୍ତଙ୍କୁ ଅଦୃଶ୍ୟ ।

ସହସ୍ର ଜହ୍ନର ରାତି
ଏକ ଦୁର୍ଲଭ ଅନୁଭୂତି
ଜନ୍ମ ଜନ୍ମାନ୍ତର ପାଇଁ ।।

•

ଶବ୍ଦ ଭାଙ୍ଗିବାର ଶବ୍ଦ

ଶବ୍ଦ ଭାଙ୍ଗିବାର ଶବ୍ଦରେ
ଶବ୍ଦାୟିତ ସାରା ପୃଥ୍ୱୀ
ଭୂମିରୁ ଭୂମା ପର୍ଯ୍ୟନ୍ତ
ଶବ୍ଦାୟିତ ପୁଷ୍କରିଣୀର କାଚକେନ୍ଦୁ ଜଳରେ
ଆଶା ଆକାଂକ୍ଷାର ତରଙ୍ଗ ଖେଳିଲା ବେଳେ
ନୀଳ କଇଁଟିଏ ଉପରକୁ ମୁଣ୍ଡ ଟେକି
ଭୀତତ୍ରସ୍ତ ହରିଣୀଟିଏ ପରି
କନକନ ଆଖିରେ ଏପଟ ସେପଟକୁ ଅନେଇ
ଶୁଣିବାକୁ ଚେଷ୍ଟା କରୁଥିଲା କାନପାତି
କେଉଁଠାରୁ ଆସୁଛି
ସେ ଶବ୍ଦ ଭାଙ୍ଗିବାର ଶବ୍ଦ ।

କେଉଁ ଅନାଦି କାଳରୁ ଆସୁଛି
ସେ ଶବ୍ଦ ଭାଙ୍ଗିବାର ଶବ୍ଦ
ଏବଂ ଆସୁଥିବ କାଳ କାଳ ପାଇଁ
ପ୍ରଳୟ ପର୍ଯ୍ୟନ୍ତ, ଖାଲି ସେ ଶବ୍ଦ
ଶୁଣିବାକୁ ତମର ଏକାଗ୍ରତା, ମାନସିକ ଶକ୍ତି
ନିଷ୍କାମ ଭକ୍ତିଭାବ ସମ୍ମିଶ୍ରଣର ପୁଷ୍ପ
ମଣ୍ଡିତ କରିବାକୁ ହେବ
ତାଙ୍କର ଅଦୃଶ୍ୟ ଅବୟବରେ ।

ସେ ଶବ୍ଦ ଭାଙ୍ଗିବାର ଶବ୍ଦକୁ
ରୂପାନ୍ତରିତ କରିପାରିଲେ ହେଲା
ଶବ୍ଦର ଅର୍କ କ୍ଷେତ୍ରରେ
ଶବ୍ଦର କୋଣାର୍କରେ ॥

●

ଅନ୍ଧ ପ୍ରଜାପତି

ଝାଉଁଗଛର ସରୁ ସରୁ ପତ୍ରସବୁ
ସିଁ ସିଁ ଗୀତ ଗାଉଥିବା ବେଳେ
ଦ୍ୱିପ୍ରହରରେ ନିଛାଟିଆ ସମୁଦ୍ର କୂଳେ
ହରରଙ୍ଗୀ ପ୍ରଜାପତି ସବୁ
ଦଳ ଦଳ ଉଡିଆସନ୍ତି ସେ ଝାଉଁପଠାକୁ
କୋମଳ ଗାନ୍ଧାର ଆସ୍ୱାଦନ କରିବାକୁ
ବା ପ୍ରେମର ଗାନ୍ଧାର ଗୀତ ଶୁଣି ଶୁଣି
ଗଛର କୋରଡ଼ରେ ଘୁମେଇ ପଡିବାକୁ
ଦିବାସ୍ୱପ୍ନରେ ମସ୍‌ଗୁଲ ହେବାକୁ
ପୁରସ୍କୃତ ନା ତିରସ୍କୃତ ହେବାକୁ
ପଡିବ ସେମାନଙ୍କୁ, ଝାଉଁଗଛର ଆକ୍ଷି
ଓ ସମୁଦ୍ର କୂଳରେ
ଭାଙ୍ଗୁଥିବା ଢେଉମାନେ ସାକ୍ଷୀ ।

ଝାଉଁଗଛର ଆକ୍ଷି ବା ସମୁଦ୍ର ଢେଉମାନଙ୍କ
ଜମାନବନ୍ଦୀକୁ କ'ଣ ଡର ଅଛି
କନ କନ ହୋଇ ଘୁରିବୁଲୁଥିବା
ପ୍ରଜାପତିମାନଙ୍କୁ, ସେମାନେ ଯେ
ପ୍ରେମର ଗାନ୍ଧାରରେ ଅନ୍ଧ ।

ଚେନ୍ନାଇର ମାରିନା ବିଚ୍‌ରେ
ଘୋଡାସବାର ପୋଲିସ୍ ଜଣେ
ଘଉଡ଼ଉଛି ସମୁଦ୍ର ବାଲିରେ ବସି
ଅନ୍ଧାରର ଆକ୍ରମଣକୁ ଭ୍ରୂକ୍ଷେପ ନକରି
ପ୍ରେମାଳାପରେ ମଗ୍ନ ହଲେ
ମତୁଆଲା ପ୍ରଜାପତିଙ୍କୁ
ରାତି ଠିକ୍ ଦଶଟା ତିରିଶିବେଳେ ॥

●

ମାୟା ମୃଗ

ମାୟା ମୃଗ ଚ଼ରୁଅଛି
ସବୁଜ ପ୍ରାନ୍ତରେ ସବୁଜ ତୃଣ
ପୁଣି ସେ ସବୁଜ ପ୍ରାନ୍ତର
ବନିଯାଉଛି ସୁନେଲୀ,
ସୁନେଲୀ ମଧ୍ଧ ସବୁ ତୃଣ
ସୁନେଲୀ ମାୟା ମୃଗର ଚରଣ
ଯା ପଛରେ ଧାବିତ ସଂସାରଯାକର ନରଗଣ ।

ମଝିରେ ମଝିରେ ସେ କନକନ ହୋଇ
ଅନଉଛି ଇଆଡ଼େ ସିଆଡ଼େ
କେତେବେଳେ ବାଜିଯିବ କାଳେ
ଆକାଙ୍‌କ୍ଷାର ତୀର ତାର ହୃଦୟରେ
କିନ୍ତୁ ତାର ହୃଦୟ ଯେ ନାହିଁ !
ଯାହାକୁ ସେ ଲୁଚାଇ ରଖିଛି
କେଉଁ ଅଗନା ଅଗନି ବନସ୍ତର
ମାୟା କୋରଡ଼ ଭିତରେ ।

ବାହ୍ୟ ଚ଼ର୍ମ ତାର ସିନା
ଖାଲି ଚ଼କ୍ ଚ଼କ୍ କରୁଅଛି
ସୁନେଲୀ ରଙ୍ଗରେ, କିନ୍ତୁ ତା ଭିତରେ
ଭର୍ତ୍ତି ମାୟାର ପ୍ରସ୍ତ ପ୍ରସ୍ତ ଅନ୍ଧାର

ଯାହାକୁ ଭେଦ କରିବ କେବଳ
ମାୟାର ଅମୋଘ ଅସ୍ତ୍ର, ଯାହା କାହା ପାଖରେ
ନାହିଁ ଏ ମୋହମାୟାର ସଂସାରେ
କେବଳ ଦୂରରୁ ଶୁଭୁଛି ହ୍ରେସ୍ବା ଧ୍ୱନି
ମାୟାରେ ଦୌଡୁଥିବା ଅଶ୍ୱମାନଙ୍କର
ଯାହା ଉପରେ ସବାର
ଏ ଯୁଗର ମାୟା ନର ॥

ମିଛମାନେ ଏଠି

ମିଛମାନେ ଏଠି
ସୁନ୍ଦର ଝଲମଲ ପୋଷାକ ପିନ୍ଧି
ଆତଯାତ ହୁଅନ୍ତି
ଭରପୁର ଜନତାଙ୍କୁ ଭାଷଣ ଦିଅନ୍ତି,
ରଙ୍ଗମଞ୍ଚ ଉପରେ
ଜୀବନ୍ତ ମିଛ ଅଭିନୟ କରି
ସମସ୍ତଙ୍କ ସତସତିକା ମନକୁ
ମୋହି ନିଅନ୍ତି ।

ମହୁଲ ଫୁଲ ଗୋଟଉଥିବା
ଆଣ୍ଠୁ ଲୁଚୁ ନଥିବା
କସ୍ତା ଶାଢ଼ିପିନ୍ଧା ସ୍ତ୍ରୀ ଲୋକଟି
ପୁଣି କାଲି ସକାଳୁ ସକାଳୁ
ମହୁଲଫୁଲ ଗୋଟାଇବ ଜଙ୍ଗଲରୁ ।
ଆଜି ସଂଧ୍ୟାରେ ବୁଡ଼ି ଯାଇଥିବା ସୂରୁଜ
ପୁଣି କାଲି ସକାଳୁ ଉଇଁବେ ଠିକ୍ ସମୟରେ
ଆଜି ସଂଧ୍ୟାରେ କିଚିରି ମିଚିରି ହୋଇ
ବସାକୁ ଫେରିଥିବା ପକ୍ଷୀମାନେ
କାଲି ଭୋରୁ ଭୋରୁ
ପାହାନ୍ତିଆ ଆକାଶରେ ମେଲଣ କରିବେ
କ'ଣ ସବୁ ସତସତିକା
କିଣାବିକା କରିବେ ।

ଏ ସହରରେ କିନ୍ତୁ
ସଂଧ୍ୟା ହେଲେ ରାତିଯାକ ଦିନ ହୁଏ
ଗହଳି ଚହଳି ଲାଗି ରହେ
ପାହାନ୍ତିଆରୁ ରାତି ଆରମ୍ଭ ହୁଏ ।
ଏବେ ଆମେ ବହୁତ ଆଗେଇ ଯାଇଛୁ
ନୁହଁ ସନାତନ !

•

ରୂପାନ୍ତର

ଦୂରରୁ କଣ ଶୁଣାଯାଉଛି ପ୍ରଥମେ
ବଜ୍ରପାତର ଶବ୍ଦ, ପ୍ରକମ୍ପିତ ପୃଥ୍ୱୀ
ଅଥଚ ତା'ପରେ ଚମକୁଛି ବିଜୁଳି
ଯାହାର ରଙ୍ଗ ସବୁ ଭଳି ଭଳି,
ଏବେ ବୋଧେ ଶବ୍ଦମାନେ
ହେଲେଣି ଅଧିକ ବେଗବାନ
ଚଞ୍ଚଳୀ ଆଲୋକକୁ ପଛରେ ପକାଇ ।

ହଠାତ୍ ଆଗକୁ ଆସିଲା
ଯୋଜନ ଯୋଜନ ଓସାରର ନଦୀ
କିନ୍ତୁ ପାର ହେବା ପାଇଁ
ଡଙ୍ଗାଟିଏ ଦିଶୁ ନାହିଁ
ଅଥଚ ମୋ ଆଜ୍ଞାବହ ଇନ୍ଦ୍ରିୟମାନେ
କୁଆଡୁ ନେଇ ଆସିଲେ
ଏକ ଜାଜ୍ୱଲ୍ୟମାନ ଡ଼ଙ୍ଗା
ସେ ନଦୀର ବରଫ ପରି ଜଳରେ
ଗୋଡ଼ ଧୋଇ ବସିଗଲି ଅନାୟସେ
ସେ ନିର୍ବିକାର ନୌକାରେ
ଯାହାର ନାଉରୀ ନାହାନ୍ତି କେହି ହେଲେ
ମୁଁ କିନ୍ତୁ ବସିଲା ମାତ୍ରେ
ସେ ନୌକା ସିର୍‌ସିର୍ ଜଳ କାଟି କାଟି
ସତେ ଯେପରି ଲାଗିଲା ଉଡିବାରେ

ପାର ହେବାକୁ ଆଉ କୂଳକୁ
ନା ନଦୀର ସ୍ରୋତରେ
ବିପରୀତ ନା ଅନୁକୂଳ ଦିଗରେ
ମୁଁ ଆଦୌ ଜାଣି ପାରିଲିନି ।

ମୋର ଅନୁଗତ ଇନ୍ଦ୍ରିୟମାନେ
କ'ଣ ଆଉ ଦେଖାଯାଉନାହାନ୍ତି
ନୌକାଟି ନା ନଦୀଟି କ'ଣ ଆସ୍ତେ ଆସ୍ତେ
ରୂପାନ୍ତରିତ ହେଉଛି ଏକ ଅଦୃଶ୍ୟ ନାରୀରେ ।

ମୋତେ ଲାଗିଲା
ସତେ ଯେପରି ମୋର ସମସ୍ତ ସତ୍ତା
ଲୋପ ପାଇ ଯାଉଅଛି
ମୁଁ ମିଶିଯାଉଛି ମହାଶୂନ୍ୟର ଇଥରରେ
କେତେ ବର୍ଷ ପାଇଁ ନା
କେତେ ସହସ୍ର ବର୍ଷ ପାଇଁ
ଯାହାର ଉତ୍ତର ମୋ ପାଖରେ ନାହିଁ ॥

●

ଶବ୍ଦ ଶିକାର

ଶବ୍ଦର ମିରିଗ ଦୌଡୁଅଛି
ହୋଇ କନକନ
ଚ଼ରି ଚ଼ରି ରୂପକଙ୍କର ଘାସ ଛନଛନ
ଯେତେ ଫନ୍ଦି ଫିକର କଲେ ମଧ
ଦଉନି ଧରା, ଫିକା ହେଉଛି ମନ ।

ଅଗନାଅଗନି ବନସ୍ତରେ
ଜଗି ବସିଛି ଶିକାରୀ ବାଘ
ରୂପ ବଦଳଉଛି କ୍ଷଣକୁ କ୍ଷଣ
କବ୍‌ଜା କରିବାକୁ
ସେ ମିରିଗର ଶବ୍ଦର ହୃଦୟ
ପିଇବାକୁ ତା'ର ଉଷୁମ ତାଜା ରକ୍ତ ।

କିନ୍ତୁ ସବୁ ଆଶା ଆଶାରେ ରହିଯାଏ
ଭାଗ୍ୟ ବୋଲି କ'ଣ ଗୋଟେ
ଜିନିଷ ଅଛି ଯେ
ଧସେଇ ପଶୁଛି ବାରମ୍ବାର,
ସମୟର ନଈରେ ଖେଳୁଥିବା
ରଙ୍ଗୀନ ମାଛର ଆଖିକୁ
ଲକ୍ଷ୍ୟଭେଦ କଲାବେଳେ
କୁଆଡ଼େ ପଶିଆସୁଚି ଏକ ବଉଳା କୁମ୍ଭୀର
ତା ତୀକ୍ଷ୍ଣ ଦାନ୍ତରେ ବାଜୁଛି ତୀର
ସବୁ କଳ୍ପନା ଜଳ୍ପନା ହେଉଛି ଭଣ୍ଡୁର ।

ନ ମିଳିଲେ ନ ମିଳୁ ପଛେ
ସେ ଜାଜୁଲ୍ୟମାନ ଶବ୍ଦର ଭଣ୍ଡାର
ତଥାପି ମୁଁ ଶବ୍ଦର ହିମାଳୟ ଶିଖରରେ
ଲକ୍ଷ୍ୟ ରଖି ଚାଲିବି ମୁକର ।

•

ସ୍ତବ୍ଧ ସମୟ

ସ୍ମୃତି ଏବେ
ନୀଳ ଲଫାପାର ଚିଠି
ଆଲବମ୍‌ର ଫଟୋମାନେ
ବେଳେବେଳେ ଖୁଉବ୍ ଜୋରରେ
ହସନ୍ତି ତ ବେଳେବେଳେ
କାନ୍ଦନ୍ତି କଇଁ କଇଁ ହୋଇ
ଅତି ସନ୍ତର୍ପଣରେ ।

ମୁଁ ସେମାନଙ୍କୁ ବୁଝାଏ
ସେମାନଙ୍କ ଆଖିରୁ
ଲୁହ ପୋଛିଦିଏ
ସମୟକୁ ଦୋଷ ଦିଏ
ନାଟର ଗୋବର୍ଦ୍ଧନ ସିଏ
କାହାକୁ କନ୍ଦାଏ
କାହାକୁ ହସାଏ
ଏ ଦୁନିଆଁର ରଙ୍ଗମଞ୍ଚରେ
ତା ପରି ସରି ହବ କିଏ ?

ଏବେ ସମୟ ପିଠିରେ
ନୀଳ ଗାଈ ନୀଳ ଘାସ ଚରେ
ଆକାଶ ଆଚମ୍ବିତ ହୁଏ
ଦୌଡୁଛନ୍ତି ତା ପିଠିରେ

ମାଳ ମାଳ କଳାହାଣ୍ଡିଆ ମେଘ ତ
ନୃତ୍ୟ କରୁଛନ୍ତି ହରରଙ୍ଗୀ ମେଘ
ସଂଧ୍ୟା ନଇଁ ନଇଁ ଆସୁଚି
ନୂଆ ବୋହୂ ପରି
ରାତି ଓହ୍ଲାଉଛି ଧୀରେ ଧୀରେ
ଓକିଲଙ୍କ କଳା କୋଟ୍ ପିନ୍ଧି
ଯେଉଁଥିରେ ପଡ଼ିଛି ବୁଟିକ୍
କୁନି କୁନି ଚକ୍ ଚକ୍ ତାରାମାନଙ୍କର ଫୁଲ
ତ କେବେ କେବେ ଓହ୍ଲାଏ ରାତି
ପିନ୍ଧି ନର୍ସମାନଙ୍କର ଧଳା ଆପ୍ରନ୍
ଯେଉଁଥିରେ ସ୍ତର ସ୍ତର ଜ୍ୟୋସ୍ନାର ଆସ୍ତରଣ ।

ନଈକୂଳ କଦମ୍ବ ଗଛ ଆଡୁ ଭାସିଆସେ
ଏକ ସମ୍ମୋହିତ ବଂଶୀସ୍ୱନ
ସମୟ ସ୍ତବ୍ଧ ହୁଏ
ଆକାଶ ସ୍ତବ୍ଧ ହୁଏ
ରାତି ବି ସ୍ତବ୍ଧ ହୁଏ ॥

ସମୟ

ସମୟ ଦୀପରେ
ଆମେ ସବୁ ସଳିତା ଜଳୁଚେ
ଇନ୍ଦ୍ରିୟମାନଙ୍କ ଘିଅରେ
ଘିଅ ସରିଗଲେ ସଳିତା ସବୁ
ପୋଡ଼ି ପାଉଁଶ ହୋଇଯିବ
ଖାଲି ଦୀପ ଯାହା ପଡ଼ି ରହିଥିବ
ମୁଁ ବା ତୁମେ କେହି ନଥିବା
ଏ ଜୀବନ୍ତ ପୃଥିବୀରେ
ଶୁଣିବାକୁ ସମୟର ସ୍ୱର
କୋଇଲିର ସୁମଧୁର କଣ୍ଠରେ ।

ସମୟଟା ବଡ଼ କୃପଣ
ମୋଟେ ହଜାରେ କି ଦି'ହଜାରେ ଟଙ୍କା ଦେବନି
ଦେବ ଟଙ୍କେ କି ଦି'ଟଙ୍କା
କହିବ- ଯାଅ ଟଙ୍କିକିଆ ଚାଉଳ ଆଣି
ମାଟିହାଣ୍ଡିରେ ଫୁଟେଇବ,
ବାଇକ୍ କିଣିବାକୁ ଲକ୍ଷେ ଟଙ୍କା ମାଗିଲେ
କହିବ ଯାଅ ଚାଲି ଚାଲି
ଭଗବାନ ତମକୁ କାହିଁକି
ଗୋଡ଼ ଦୁଇଟା ଦେଇଛନ୍ତି ?
ଅନନ୍ତା କହିବ -
ଗୋଡ଼ ଦି'ଟା ଦେଇଛନ୍ତି ଲାତ ମାରିବାକୁ

ପଙ୍କରେ ଗୋଡ଼ ପଶେଇ
ନାଲି ପଦ୍ମଫୁଲ ତୋଳିବାକୁ
ସମୟ କିନ୍ତୁ ଶୁଣିବନି କା'ର କଥା
ସେ ଭାରି କଠୋର
ପ୍ରଜ୍ଜ୍ୱଳିତ ହେଉନି ମୋଟେ
ତା'ର ଜଠର ।

ସମୟଟା ବଡ଼ ନିଷ୍ଠୁର
ଦୟାମାୟା ମୋଟେ ନାହିଁ ତା'ର
ଆଦିଗନ୍ତ ରଙ୍ଗମଞ୍ଚରେ ତମକୁ ନଚେଇ ନଚେଇ
ହାଲିଆ ହୋଇ ଧରାଶାୟୀ ନହେଲା ପର୍ଯ୍ୟନ୍ତ
ତମକୁ ଆଦୌ ଛାଡ଼ିବନି
କ୍ଲାଇମାକ୍ସ ଆସିଥିଲେ ମଧ୍ୟ ।
ଉଇହୁଙ୍କା ଭାଙ୍ଗିବନି
କି ଆକାଶଟା ଛିଣ୍ଡି ପଡ଼ିବନି ॥

•

ସମୟର ପଦଚିହ୍ନ

ବିଗତ ସମୟର ପଦଚିହ୍ନ
ବର୍ତ୍ତମାନ ସମୟର ସୈକତରେ
ଯାହା ଭବିଷ୍ୟତ ସମୟର ସୈକତରେ
ହୋଇପାରେ ଇତସ୍ତତ ବା ଜାଜ୍ୱଲ୍ୟମାନ
ଲିପିବଦ୍ଧ ହୋଇପାରେ ସ୍ୱର୍ଣ୍ଣାକ୍ଷରରେ ।

ମୋର ମ୍ଳାନ ସ୍ୱପ୍ନମାନେ ଭାସିଯାଉଛନ୍ତି
ସମୟର ଅଙ୍କାବଙ୍କା ପ୍ରଖର ସୁଅରେ
ଝଡାପତ୍ରମାନେ ବି ଭାସୁଛନ୍ତି
ବୁଡିଯାଇ ପୁଣି ହାତ ଉପରକୁ ଟେକୁଛନ୍ତି
ସମୟର ହାତ ଟିକେ ଉଦ୍ଧାର କରିବାକୁ
ସମୟର କିନ୍ତୁ ନାହିଁ ସେଥିପ୍ରତି ଭ୍ରୂକ୍ଷେପ
ଯିଏ ରହିଗଲା ସିଏ ରହିଗଲା
ସମୟ ତାକୁ ପିଠିରେ ବସାଇ ନେବନି
ଆଗକୁ ଆଗ ମାଡିବା ତାର ଧର୍ମ
ସେ କଦାପି ପଛକୁ ଫେରି ଚାହେଁନି
କିଏ ତା ପଛରେ ଆସୁଛନ୍ତି ନା ନାହିଁ !

ସମୟର ବିବର୍ଣ୍ଣ ଗୋଧୂଳି ବେଳାରେ
ମୋ ଖିଲ୍‌ଖିଲ୍ ହସୁଥିବା ସ୍ୱପ୍ନମାନେ
କଇଁ କଇଁ ହୋଇ କାନ୍ଦୁଛନ୍ତି
ଚାହୁଁଛନ୍ତି ଉଡିଯିବାକୁ ଏ ରୁକ୍ଷ ଦିଗନ୍ତରୁ

ଅନ୍ୟ ସବୁଜ ଦିଗନ୍ତକୁ
ମୋର ରୋଗାଗ୍ରସ୍ତ, ଜରାଗ୍ରସ୍ତ ବିଷଣ୍ଣ ଶରୀରର
ଲୋଟକୋଠ ସରହଦରେ ମ୍ଳାନ ଜହ୍ନ ଅସ୍ତ ଯାଏ
ନିଷ୍ପ୍ରଭ ନକ୍ଷତ୍ରମାନେ ଅନୁତାପ ଦାବାନଳରେ
ଆକ୍ଷିରୁ ଗଡାନ୍ତି ଟୋପା ଟୋପା ତତଲା ଲୁହ ।

ସମୟକୁ ପଚାର
ସେ କିନ୍ତୁ ନାଚର
କହୁଛି ଅପେକ୍ଷା କର
ଅପେକ୍ଷା କର, ତୁମେ ନିଶ୍ଚେ ଦିନେ
ପାଇଯିବ ତା'ର ସଠିକ୍ ଉତ୍ତର ॥

●

ନିର୍ଲିପ୍ତ ସମୟ

ଓଲମ୍ ପକେଇ ସମୟକୁ
ସିଧା ରଖିବାକୁ ଚେଷ୍ଟା କଲାବେଳେ
ସେ କ'ଣ ମାନୁଚି ମୋ କଥା ?
ଇଆଡ଼େ ସିଆଡ଼େ ବଙ୍କେଇ ଟଙ୍କେଇ
କାହିଁ କୁଆଡେ ବୋହିଯାଉଛି ଯେ
ଆଉ ତାକୁ ଅଟକେଇ ହେଉନି ଜମ୍ମାରୁ ।

ଅକୁହା କଥାରେ, ବ୍ୟଥାରେ
ଘାଣ୍ଟି ହେଉଥାଏ ମୁଁ ଅହୋରାତ୍ର
କାହାକୁ ନିଭୃତରେ ବଖାଣିବି
ମୋ ଜୀବନର ଅବ୍ୟକ୍ତ କାହାଣୀ !
ପରାଙ୍ମୁଖ ପରାଭବରେ ଆଚ୍ଛାଦିତ
ସଶରୀର ମୋର ଅଦୃଶ୍ୟ ହୋଇଯାଏ
ଜୀବନ ସଂଧ୍ୟାର ରକ୍ତାକ୍ତ ଚକ୍ରବାଳରେ ।
କ୍ଲାନ୍ତ ଚଢ଼େଇଟି ଲୋଟିପଡ଼େ
ତାର ସୁରକ୍ଷିତ ନିବୁଜ ବସାରେ
ଯାହାକୁ ସେ ହୃଦୟରୁ ରକ୍ତ ନିଗାଡ଼ି
ଗଢ଼ିଛି ବିଶ୍ୱାସର କାଠିକୁଟାରେ ।
ଇର୍ଷା, ଅସୂୟାର ଝଡ଼ତୋଫାନକୁ
ସାମ୍ନା କରିବାର କଳା
ସେ ଶିଖିଛି କାହାଠାରୁ ?

ରାତିର ଅନ୍ଧାର ଜମାଟବାନ୍ଧେ
ଅସୁମାରୀ ଆକାଙ୍କ୍ଷାର ବରଫ
ତରଳିଯାଏ ଧୀରେ ଧୀରେ
ବୋହିଯାଏ ତନ୍ଦ୍ରାଚ୍ଛନ୍ନରେ ତଲ୍ଲୀନ
ମନର ଶୁଭ୍ର ସମୁଜ୍ଜଳ ଗାଲିଚ୍ଛରେ
ପର ମୁହୂର୍ତ୍ତରେ ଜୀବନ୍ତ ସ୍ୱପ୍ନସବୁ
ଗୋଟି ଗୋଟି ତଳକୁ ଖସି ପଡି
ବନିଯାଆନ୍ତି ନିର୍ଜୀବ ପଥର ।

ନିର୍ଲିପ୍ତ ସମୟ ଖାଲି ହସୁଥାଏ
ମୁରୁକି ମୁରୁକି, ହସୁଥାଏ ଏବଂ ହସୁଥାଏ
ଆଖିରୁ ଲୁହ ନ ବାହାରିଲା ପର୍ଯ୍ୟନ୍ତ ॥

•

ବଦଳି ଯାଉଥିବା ସମୟ

ଦିନଯାକ ଖରାରେ ଦୌଡ଼ି ଦୌଡ଼ି
ହାଲିଆ ହୋଇ ଲାଲ ପଡ଼ିଯାଉଥବା ସୂର୍ଯ୍ୟ
ବୁଡ଼ିଲା ବେଳକୁ ପଶ୍ଚିମ ଦିଗରେ
ବିଗ୍‌ବଳୟ ଦେଖାଯାଉଥାଏ
ଲାଲ ଚକ୍ ଚକ୍ ତମ ଓଠ ପରି,
ସିଲହଟ୍ ଆଗରେ ତମେ ଠିଆ ହୋଇଅଛ
ଏକ କଳା ମୁଗୁନି ପ୍ରସ୍ତର ମୂର୍ତ୍ତି ପରି
ଚାହିଁଅଛ ନିର୍ନିମେଷ ନୟନରେ
ସାଥିହୋଇ ଉଡୁଥିବା ଦୁଇଟି ଚଢ଼େଇକୁ
ମନର ସୁନୀଳ ଆକାଶରେ ।

ତମେ କ'ଣ କାମନାର
ବନାରସୀ ପାନ ଚୋବାଇ ଚୋବାଇ
ପାଟି ଓ ଓଠକୁ କରିଦେଲଣି
ଆହୁରି ଗାଢ଼ ଲାଲ
ଦୁଃଖମାନେ ସବୁ ମୁହଁ ଲୁଚେଇ ଦେଲେଣି
କେଉଁ ଏକ ଅମୁହାଁ ଗୁମ୍ଫାରେ,
ତାର ଆଉ ମୁହଁ କାହିଁ ଯେ
ମୁଁ ଲଦି ଦେବି ତା ମୁହଁରେ
ଗୋଟେ ମସ୍ତ ବଡ଼ ଯନ୍ତ୍ରଣାର ପଥର ?
ବର୍ଷ ବର୍ଷ ଧରି ସେମାନେ ସେମିତି
ପଡ଼ି ରହିଥିବେ ତା' ଭିତରେ

କିଛି ନ ଖାଇ ନ ପିଇ
ନିବିଡ଼ ଅନ୍ଧାର ସାଥିରେ ।

ତମର ମାର୍ବଲ ପରି ଚିକ୍‌କଣ ପତଳା ଚର୍ମ ତଳେ
ଧମନୀମାନେ ଦେଖାଯାଉଛନ୍ତି ସତେଜ ଲାଲ
ବର୍ଷାଦିନେ କଦବା କ୍ୱଚିତ
ଲାଜେଇ ଲାଜେଇ ଚାଲୁଥିବା
ସାଧବବୋହୂମାନଙ୍କ ଲାଲ ଟୁକ୍ ଟୁକ୍
ମଖମଲ ଶାଢ଼ୀ ପରି
ଶିରାମାନେ ଦେଖାଯାଉଛନ୍ତି
ନୀଳ ନଦୀର ସରୁ ସରୁ ଧାର
ଅବା ପାଖୁଡ଼ାର ରଂଗ ନୀଳ କଇଁର ।

ତମେ କ'ଣ କହୁଚ
ମୁଁ କୁଆଡ଼େ ଜୋରରେ ରାଗିଗଲେ
ମୋ ମୁହଁ ପଡ଼ିଯାଏ ଲାଲ
ତମେ ପୁଣି ତମର କିମିଆରେ
ଲାଲ ଗୋଲାପକୁ କରିଦିଅ
ଧଳା ଗୋଲାପ ଅନାୟସରେ
ତା'ପରେ ଲହଡ଼ି ଭାଙ୍ଗନ୍ତି ହସମାନେ
ମୋ ଅଶାନ୍ତ ମୁହଁର ସମୁଦ୍ରରେ ।

ଖରାରେ କିଛିବାଟ ଚାଲିଗଲେ
ତମର ଗୋରା ଗାଲ ପଡ଼ିଯାଏ ଲାଲ
ମୁଁ ବିଶ୍ୱାସର ଛତାଟିଏ ଧରି
ଛିଡା ହୋଇଥାଏ ତମ ପାଖରେ ତ
ସୂର୍ଯ୍ୟଙ୍କୁ ରଖିଦେଇ ଆଢୁଆଳରେ ।

ତମେ କୁହ: ମୁଁ ପରା ଖାଉଥିଲି
ଭିଟାମିନ୍ ଡି ସୂର୍ଯ୍ୟଙ୍କଠାରୁ ମାଗଣାରେ ।
ଆପେ ଆପେ ମୋ ଛତାଟି ବନ୍ଦ ହୋଇଯାଏ
ମୁଁ କହେ: ଚାଲ ଆମେ ଦୁହେଁ ମିଶି
ଏକାଠି ଖାଇବା ଭିଟାମିନ୍ ଡି ।

ମୁଁ ତମର ହାତ ଧରି
ଚାଲିବାକୁ ଚେଷ୍ଟା କଲାବେଳେ
ମୋତେ ଲାଗିଲା ସତେ ଯେପରି
ତମେ ମୋଠାରୁ ଆସ୍ତେ ଆସ୍ତେ
ଦୂରେଇ ଯାଉଛ ଓ ଉଭାନ୍ ହୋଇଯାଉଛ ।
ଦେଖାଯାଉନି ତମର
ଲାଲ ଚକ୍ ଚକ୍ ଓଠ ଅବା
ଗୋଲାପୀ ଆପେଲ ପରିକା ଗାଲ
ବରଂ ଦେଖାଯାଉଛି ଅସ୍ପଷ୍ଟ ଭାବରେ
କୋଇଲା ଭଳି କଳା ଲୋଚକୋଚ ଓଠ
ଓ ବାଦୁଡ଼ି ଭଳି ଝୁଲି ରହିଥିବା ଗାଲ ॥

ତ୍ରିଶୂଳ

ତୁମେ ମାନବୀ, ଦାନବୀ ନା ଦେବୀ !
ମୋର ଅନ୍ତଃସତ୍ତା ସବୁ
ନିମିଷକେ କରିନେଲଣି ଅକ୍ତିୟାର
ଅପଲକ ତୀକ୍ଷ୍ଣ ଚହାଣୀରେ ତୁମର ।

ମୋ ଓଠରୁ ସ୍ଫୁରୁଥିବା ଶବ୍ଦ ସବୁ
ହୋଇଯାଉଅଛନ୍ତି ନିଃଶେଷ ନିଃଶବ୍ଦରେ
ତୁମର ଅଦୃଶ୍ୟ ନିକ୍ଷେପିତ ନିକ୍ୱଣରେ ।

ମୋ କର୍ଣ୍ଣରେ କର୍ଣ୍ଣଗୋଚର ହେଉଛି
ରଣ ଦୁନ୍ଦୁଭିର ତୂର୍ଯ୍ୟନାଦ
ତାବ୍‌ଦା ହୋଇଯାଉଛି
ମେଦିନୀ ଫାଟିଯିବାର ବିକଟାଳ ଶବ୍ଦରେ
ମୋର ଯେତେ ଯେତେ ଗର୍ବ ଅହଂକାରର
ପାହାଡ଼ ପର୍ବତ, ଗୋଟି ଗୋଟି ହୋଇ
ନିଃଶ୍ଚିହ୍ନ ହୋଇଯାଉଅଛନ୍ତି
ତାରି ଗହ୍ୱର ଭିତରେ ।

ମୋର ଯେତେ ଯେତେ ଶକ୍ତି ସାମର୍ଥ
ଶୌର୍ଯ୍ୟ ବୀର୍ଯ୍ୟର ଅଭେଦ୍ୟ ଦୁର୍ଗ
ଖଣ୍ଡ ଖଣ୍ଡ ହୋଇ ମିଶି ଯାଉଅଛନ୍ତି ମାଟିରେ
ଶୂନ୍ୟରୁ ଖସୁଥିବା ଭୟଙ୍କର ବଜ୍ରପାତରେ ।

ମୁଁ ଏବେ ଶୀଥିଳ, ଶକ୍ତିହୀନ
ବଳବୀର୍ଯ୍ୟ ଶୂନ୍ୟ
କରିପାରୁ ନାହିଁ ସାମାନ୍ୟ ଏକ
ଖଡ୍‌ଗ ଉତ୍‌ଥାନ
ଧରାକୁ ସରା ମଣିବାର
ଏ କ'ଣ ପରିଣାମ ତା'ର ?
ମୋର ସୁବର୍ଣ୍ଣ ମୁକୁଟ ତୁମର ପ୍ରଖର ନିଃଶ୍ୱାସରେ
ଉଡ଼ି ଉଡ଼ି ଯାଇ ଉଭାନ ହୋଇଯାଉଛି
ଶୂନ୍ୟରେ, ମହାଶୂନ୍ୟରେ ।

ମୋର ଛାତି ଫାଟି ଖଣ୍ଡ ଖଣ୍ଡ ହୋଇଯାଉଛି
ରକ୍ତ ସବୁ ଛିଟିକି ପଡୁଛି
ପୃଥ୍ବୀ ସାରା ତୁମର ତ୍ରିଶୂଳରେ ॥

•

ସାତପଡ଼ା

ଚିଲିକାର ଢଳ ଢଳ ଜଳରେ
ଡଙ୍ଗା ହେଉଥିଲା ଟଳମଳ
ତ ଆଖି ଦିଓଟି ହେଉଥିଲେ ଢଳ ଢଳ ।

କାଳୀଜାଈର କଥା ମନେ ପଡ଼ିଲାବେଳକୁ
ଡଲଫିନ୍ ଦିଓଟି ପାଣି ଉପରକୁ ଉଠି
ପୁଣି ଲମ୍ଫ ପ୍ରଦାନ କରୁଥିଲେ
ଢଳ ଢଳ ପାଣି ଭିତରକୁ
ତ ପୁଣି ଡେଇଁ ପଡ଼ିଲେ ଆଖିର ସମୁଦ୍ରକୁ,
ପାଲଟଣା ନୌକା ଭିତରକୁ
କଣା କରି ପାଲକୁ ।
ଆମେ ସେ ଦୁହିଙ୍କ ମସୃଣ ପିଠିକୁ
ଆଉଁସି ଦେଲୁ ଆସ୍ତେ ଆସ୍ତେ, ଖିଲ୍ ଖିଲ୍
ହସି ହସି ପୁଣି ଡେଇଁ ପଡ଼ିଲେ ସେ ଦୁହେଁ
ଅଥଳ ଥଳ ପାଣିକୁ,
ସେମାନଙ୍କ ଆଖିରେ
ବିସ୍ତୀର୍ଣ୍ଣ ନୀଳ ଆକାଶ ଢଳ ଢଳ ।

ସମୁଦ୍ର ମୁହାଣର ବାଲୁକା ଶଯ୍ୟାରେ
ନାଲି ନାଲି କଙ୍କଡ଼ାମାନେ ନିର୍ଭୟରେ
ଡଗ ଡଗ ହୋଇ ଚାଲୁଥିଲେ
ନା ଦୌଡ଼ ପ୍ରତିଯୋଗିତା କରୁଥିଲେ !

କେଜାଣି କାହାର ପାଳି ପଡ଼ିବ
କାହାର ପେଟରେ !

କେଡ଼େ ଭୟାର୍ତ୍ତ ଦେଖାଯାଉଥିଲା
ତମର ଆଖି ଦିଓଟି
ସିରି ସିର୍ ପବନରେ,
ଡଙ୍ଗାର ଦୋଦୁଲ୍ୟମାନରେ
ଦଳ ଦଳ ପକ୍ଷୀମାନଙ୍କ ନିର୍ଭୟ ଉଡ଼ାଣରେ ।
ମୁଁ ସେମାନଙ୍କ ଡେଣା ଦିଓଟି ମାଗିଲି
କିଛି ସମୟ ପାଇଁ
ସୁନୀଳ ଆକାଶର ନୀଳ ରଙ୍ଗ
ଆକଣ୍ଠ ଭରି ପିଇବା ପାଇଁ ।

କ'ଣ ତମର ଆଖି ହୋଇଉଠିଲାଣି ଉଜ୍ଜଳ
ମୁହଁରେ ଭାବ ଛଳ ଛଳ
ଇଙ୍ଗିତ ଦେଲାଣି : ମୁଁ ମଧ୍ୟ ଉଡ଼ିବି
ତମ ମନର ଆକାଶରେ
ଚିନ୍ତାଶୂନ୍ୟ ପକ୍ଷୀଙ୍କ ପରି
କାମନାର ଡେଣା ହଲାଇ ହଲାଇ
ଆକାଙ୍‌କ୍ଷାର ମେଘମାନଙ୍କ
କୋମଳ ସ୍ପର୍ଶରେ ପୁଲକିତ ହୋଇ ।
ଆକାଶରେ ଇନ୍ଦ୍ରଧନୁର ସମ୍ଭାର
ଦିଶୁଛି କି ସୁନ୍ଦର !

ଆକାଶରେ ଉଡ଼ି ଉଡ଼ି ହାଲିଆ ହୋଇ
ଓହ୍ଲାଇଲୁ ଏକ ରେସ୍ତୋରାଁରେ
କ୍ଷୁଧା ତୃଷାକୁ ଉଭାନ କରିବାକୁ
ମୃଦୁ ସଂଗୀତର ମୂର୍ଚ୍ଛନାରେ ॥

•

କାମନା ଓ ଦୁଃଖ

କାମନାର ବିନାଶରେ
ଦୁଃଖର ବିନାଶ ନା ପରିପ୍ରକାଶ ?
ଏ ମୋବାଇଲ ଯୁଗରେ
କାମନାର ବିନାଶ କଲେ
ମତାନ୍ତର ମନାନ୍ତରର ସୂତ୍ରପାତ
ଦୁଃଖ, ଯନ୍ତ୍ରଣାର ଅନାହୂତ ପ୍ରବେଶ,
ଆଉ ନାହାନ୍ତି ଏବେ ବୁଦ୍ଧ
ଦେବାକୁ ତମକୁ ପ୍ରବୋଧ !

କାମନାମାନେ ଏବେ
ବଡ଼ ସ୍କ୍ରିନ୍‌ବାଲା ଏଲ୍‌ଇଡି, ଓଲେଡି ଟିଭି
ଦୁଇଟି ଦ୍ୱାର ଥିବା ଫ୍ରିଜ୍
ଅଟୋମାଟିକ୍ ଓ୍ୱାସିଙ୍ଗ ମେସିନ୍
ମାଇକ୍ରୋଓଭନ, ସ୍ମାର୍ଟ ଫୋନ୍
ଲମ୍ବା ସେଡାନ୍ କାର୍
ଆଲିସାନ ବଙ୍ଗଳା
ଲକ୍ଷ ଲକ୍ଷ ଦରମା ମିଳୁଥିବା ଚାକିରୀ
ଚାର୍ଟାର୍ଡ ଫ୍ଲାଇଟ୍‌ରେ ବିଦେଶ ଭ୍ରମଣ
ଆହୁରି କେତେ କ'ଣ
ଯାହାର ତାଲିକା ଲମ୍ବି ଲମ୍ବି ଯାଇ
ଛୁଏଁ ଆକାଶକୁ

ହଜାର ହଜାର ସ୍ୱପ୍ନମାନେ
ଉଙ୍କି ମାରନ୍ତି ଥରକୁ ଥର ।

ଯଦି କାମନାମାନଙ୍କର
ହୋଇଗଲା ଧୂଳିସାତ
ଘରେ ଘରେ ବିରାଜିବେ ସିଂହବାହିନୀ
ଦୁଃଖୀଦେବୀମାନେ ହାତରେ ଖଡ୍‌ଗ
ତ୍ରିଶୂଳ ଧରି, ରେରେକାର କରି
ପ୍ରକମ୍ପିତ କରିଦେବେ ସାରା ମେଦିନୀ ।

ଅତଏବ କାମନାକୁ କର ଆବାହନ
ଦୁଃଖରୁ ପାଅ ପରିତ୍ରାଣ ॥

•

ଦୁର୍ବୋଧ ଚିତ୍ରପଟ

ଜୀବନ ଜଙ୍ଗଲର ଆବୁଡ଼ା ଖାବୁଡ଼ା ରାସ୍ତାରେ
ଚାଲୁ ଚାଲୁ ତମେ ଝୁଣ୍ଟି ପଡ଼ି
ଆଣ୍ଠୁ ଗଣ୍ଠି ଖଣ୍ଡିଆ କରିଦେଲ ଯେ
ଲାଲ ତାଜା ରକ୍ତର ଧାରମାନେ
ରାସ୍ତାରେ ବନାଇଦେଲେ
ଏକ ଦୁର୍ବୋଧ ଚିତ୍ରପଟ ।

ତମେ କ'ଣ ଅଭିଯୋଗ କରୁଛ :
ମୁଁ ପଡ଼ିଗଲାବେଳେ
ମୋତେ ଧରି ପାରୁନ ଟିକିଏ !
ଜଣାପଡୁଛି ଏଥିରୁ
କେତେ ବୋହୁଛି ତମ ହୃଦୟରେ
ମୋ ପ୍ରତି ଭଲପାଇବାର ରକ୍ତ !
ହଁ, ମୁଁ ବା ତମର କିଏ ?
ପଡ଼ିଗଲାବେଳେ ଧରି ପକେଇ
ମୋଠାରୁ ସାଉଁଟି ନେବ
କୃତଜ୍ଞତାର ଚିହ୍ନ,
ମୁଁ କାଳେ ଗୋଟାପଣେ
ହୋଇଯିବି ତମର !

ମୁଁ କହିଲି କୋମଳ ଗାନ୍ଧାର ସ୍ୱରରେ :
ମୁଁ କ'ଣ ଆଉ ସମୟ ପାଇଲି

କୋଳେଇ ନେବାକୁ ତମକୁ ?
ମୁଁ ପରା ତମ ପଛେ ପଛେ
କରୁଥିଲି ଅନୁସରଣ
ଲକ୍ଷ୍ୟ ରଖି ଝରିଆଡ଼କୁ
କାଳେ କେଉଁ ବନ୍ୟଜନ୍ତୁ
କରିଦେବେ ଅତର୍କିତ ଆକ୍ରମଣ
ତମର କଅଁଳ ମାଂସ ଝୁଣି ଝୁଣି ଖାଇବାକୁ !

ମୁଁ କ'ଣ ଜାଣିଥିଲି
ତମେ ହଠାତ୍ ଏପରି ପଡ଼ିଯିବ ବୋଲି !
ହଉ, ଦେଖାଅ ତମର ସେ କ୍ଷତାକ୍ତ ଆଣ୍ଠୁ
ବୋଳିଦେବି ସେଥିରେ ବିଶଲ୍ୟକରଣୀ
ପତ୍ରର ରସ ଧୀରେ ଧୀରେ
ରକ୍ତର ଧାର ସବୁ
ଉଭାନ ହୋଇଯିବେ ଅଚିରେ ॥

•

ଅନନ୍ତ ବିନ୍ଦୁରେ

ଦୁଇଟି ସମାନ୍ତରାଳ ରେଖା
ମିଳିତ ହୁଅନ୍ତି ଏକ ଅନନ୍ତ ବିନ୍ଦୁରେ ।

ମୋତେ ଲାଗେ
ମୁଁ ଏକ ସମାନ୍ତରାଳ ରେଖାରେ
ଚାଲୁଅଛି ମୋର ଅତି ଆପଣାର ଜିନିଷମାନଙ୍କୁ
ମୋ କାନ୍ଧ ଓ ପିଠିରେ ବୁହାଇ,
ତୁମେ ମଧ୍ୟ ଚାଲୁଅଛ
ଏହାର ଅନ୍ୟ ସମାନ୍ତରାଳ ରେଖାରେ
ଶୂନ୍ୟ ହସ୍ତରେ, କିନ୍ତୁ ହୃଦୟରେ
ଭରି ସମସ୍ତ ସ୍ୱପ୍ନମାନଙ୍କୁ ତ
ମନରେ ମାଖି
ଇନ୍ଦ୍ରଧନରୁ ଅଷ୍ଟମ ରଙ୍ଗ ।

ଆମେ ଦୁହେଁ
ଦୁଇଟି ସମାନ୍ତରାଳ ରେଖାରେ
ଆଗକୁ ଆଗ ମାଡ଼ି ଚାଲୁଛେ ତ
ମାଡ଼ି ଚାଲୁଛେ ଖାଲ ଖମା ନ ମାନି ।
ଦୁହେଁ ଦୁହିଁଙ୍କ ହାତ ବଢ଼ାଇଲେ ମଧ୍ୟ
ଛୁଇଁ ପାରୁନେ,
ପବନରେ ଖାଲି ମିଳିତ ହେଉଛନ୍ତି
ସ୍ନେହ, ପ୍ରେମମାନେ

ଆମ ହୃଦୟର ନିଃଶବ୍ଦ ଶବ୍ଦସବୁ
ମିଳେଇ ଯାଉଛନ୍ତି ଶୂନ୍ୟରେ ।
ଦୁହେଁ ଦୁହିଁଙ୍କୁ ଅନେଇଲେ ମଧ୍ୟ
ବୁଢ଼ିଆଣୀ ଜାଲ ଛଡ଼ା
ଆଉ କିଛି ଦେଖାଯାଉନାହିଁ
ଲୋଭନୀୟ ଜିନିଷ,
କ'ଣ ଅସ୍ପଷ୍ଟ ଭାବରେ ଦିଶୁଛି
ଏକଦା ତମ ଲାଲ ଓଠଥିବା ଓଠରେ
ବାଦୁଡ଼ିଟିଏ ଓହଳିଥିବାର ଦୃଶ୍ୟ !
ତମେ ବୋଧେ ଦେଖୁଥିବ ଅସ୍ପଷ୍ଟ ଭାବରେ
ମୋର ପକ୍ୱ ହୋଇଯାଇଥିବା ଶ୍ମଶ୍ରୁ !

ତଥାପି ଆମେ ଦୁହେଁ ଏପରି ଚାଲୁଥିବା
ସମାନ୍ତରାଳ ରେଖାରେ
ପରସ୍ପର ସହ ମିଳିତ ହେବା ପାଇଁ
ଅନନ୍ତ ସମୟ ପରେ
ଏକ ଅନନ୍ତ ବିନ୍ଦୁରେ ॥

ଅଧା ଅଧା ପୃଥିବୀ

ବହୁତ ଦିନ ହେଲା
ଆମେ ଦୁହେଁ ଦେଖା ହୋଇନେ ।

ମଝିରେ ସୁଉଚ୍ଚ ପ୍ରାଚୀର ପରି
ଛିଡ଼ା ହୋଇଛି ସମୟ ।
ତାହା ଏତେ ଶକ୍ତ ହୋଇଛି ଯେ
ସେଥିରେ ରନ୍ଧ୍ର କରି
ଏପଟରୁ ସେପଟ
ବା ସେପଟରୁ ଏପଟକୁ
ଯିବା ଆସିବା କରିବାର ଯୁ ନାହିଁ ।
ମୁଁ ଏପଟେ ମୋ ପୃଥିବୀ ସହ
ତ ତୁମେ ସେପଟେ
ତୁମ ପୃଥିବୀ ସହ ।
ମୁହୂର୍ତ୍ତମାନଙ୍କର ଟଙ୍କା
ଖାଲି ଖର୍ଚ୍ଚ କରିବାରେ ଲାଗିଛେ
ପାଣି ଭଳି ।
ରାତିରେ ମୁଁ ଦେଖୁଛି
ସପ୍ତର୍ଷିମଣ୍ଡଳର ଅରୁନ୍ଧତୀର
ଝାପ୍‌ସା ମୁହଁକୁ
ତ ତୁମେ ଦେଖୁଛ ବଶିଷ୍ଠଙ୍କ
ଚକ୍‌ଚକ୍ ଦେଖାଯାଉଥିବା ମୁହଁକୁ ।

ଆମର ସ୍ୱପ୍ନମାନଙ୍କ ସହ ବି
ଦେଖା ହୋଇନି ବହୁତ ଦିନ ହେଲା ।
ଅତୀତର ମହାର୍ଘ ମୁହୂର୍ତ୍ତମାନେ
ଉଡ଼ିଗଲେଣି କର୍ପୂର ପରି ତ
ଆମେ ଖାଲି ପଡ଼ି ରହିଛେ
ଆମର ଅଧା ଅଧା ପୃଥିବୀରେ
ସଫେଦ୍ କନା ପରି
ଯାହାର ଆଉ ସେ ଶକ୍ତି ନାହିଁ
ବାନ୍ଧି ରଖିବାକୁ ସେ ସୁଗନ୍ଧିତ କର୍ପୂରକୁ ॥

·

ଅଧା ଅଧା ନକ୍ଷତ୍ର

ଅଧା ଅଧା ନକ୍ଷତ୍ରମାନେ
ଖସି ପଡୁଛନ୍ତି ଆକାଶାର୍ଦ୍ଧରୁ
ଅର୍ଦ୍ଧ ପୃଥିବୀର ଦେହ ସାରା
ଓ ଗୋଟି ଗୋଟି ଅର୍ଦ୍ଧ ଫୁଲ
ହୋଇ ଫୁଟୁଛନ୍ତି ଅର୍ଦ୍ଧ ଚନ୍ଦ୍ରମାକୁ
ଅର୍ଦ୍ଧ ନିମୀଳିତ ଆକ୍ଷିରେ ଅନେଇ ଅନେଇ ।

ଅଧା ଅନ୍ଧାର ଅଧା ଆଲୁଅରେ
ସୂର୍ଯ୍ୟ ଉଇଁଛନ୍ତି ଅଧା ଅଧା
ଅର୍ଦ୍ଧଖଣ୍ଡ ଲାଲ ମେଘମାନେ
ଦୌଡୁଛନ୍ତି ପୁଣି ଥକ୍କା ମାରି
ବସିଯାଉଛନ୍ତି ଅର୍ଦ୍ଧ ନିର୍ମିତ
ଆକାଙ୍କ୍ଷାର ପାହାଡ଼ମାନଙ୍କରେ ।

ସହର କୋଠାବାଡିମାନ ମଧ୍ୟ
ଅର୍ଦ୍ଧ ନିର୍ମିତ
ଲୋକବାକ ଶୂନ୍ୟ
ବିଲ୍‌ଡରମାନେ ଜେଲ୍‌ରେ
ଚରସ୍ ଟାଣି ମୋବାଇଲରେ
ନିର୍ଦ୍ଦେଶ ଦେଉଛନ୍ତି ଅମୁକ
ସହରର ମଲ୍‌ରେ ବିସ୍ଫୋରଣ ଘଟାଇବାକୁ,
ଜେଲର୍‌ମାନେ କାନରେ ତୁଳା ଦେଇ

ଫାଇଲରେ କ'ଣ କରୁଛନ୍ତି
ଅଧା ଅଧା ଦସ୍ତଖତ ।

ଅଧା ଅଧା ନକ୍ଷତ୍ରମାନେ
ସତରେ କ'ଣ ଆକାଶରୁ ଖସିପଡୁଛନ୍ତି
ନା ଏ ମନର ଅର୍ଦ୍ଧ ଭ୍ରମ !
ସମ୍ପର୍କମାନେ ଅଧା ଅଧା ହୋଇଯାଉଛନ୍ତି
ଇର୍ଷାଦ୍ୱେଷମାନେ ଅଧା ଅଧା ହୋଇ
ପୁଣି କ'ଣ ହୋଇଯାଉଛନ୍ତି ଯୋଡି
ପୂର୍ଣ୍ଣ କରିବାକୁ ସମସ୍ତ ସମ୍ପର୍କ ।

ଆଜି ପୂର୍ଣ୍ଣମୀ
ଆକାଶରେ ଉଇଁଲେଣି ପୂର୍ଣ୍ଣଚନ୍ଦ୍ର
ସମସ୍ତ ଅର୍ଦ୍ଧମାନଙ୍କୁ କରି ପୂର୍ଣ୍ଣ ॥

କହି ଦେଇଥିବା କଥା

କହି ଦେଇଥିବା କଥା
ଫେରି ଆସେନା
ବହିଯାଇଥିବା ନଈ
ଲେଉଟି ଆସେନା ।

ଭାଙ୍ଗିଯାଇଥିବା ହୃଦୟ
ଯୋଡ଼ି ହୋଇ ପାରେନା
ପୋଡ଼ି ଯାଇଥିବା ମନ
କେହି ଜାଣି ପାରେନା ।

ନିଆଁ ବଣ ପୋଡ଼ି ଦେଇପାରେ ସିନା
ଈର୍ଷା ମଣିଷକୁ ନ ଜାଳି
ରହିପାରେନା,
ଦୁନିଆଁର ମାୟା ମୋହରେ
ମଣିଷ ଭାସିଯାଉଥିଲେ ସୁଦ୍ଧା
ତା ମସ୍ତିଷ୍କରେ ବୁଦ୍ଧି ପଶେନା ।

ପୂର୍ଣ୍ଣମୀ ଜହ୍ନର ଜ୍ୟୋସ୍ନା
କରିଦିଏ ପ୍ରାଣ ପୁଲକିତ
ପ୍ରଚଣ୍ଡ ରୌଦ୍ରତାପ
କରି ଦିଏ ପ୍ରାଣ ସନ୍ତାପିତ ।

ମୋଠାରୁ ତମେ ଦୂରେଇ ଗଲେ
ମୋ ମନ ଆକାଶରେ
ଭର୍ତ୍ତି ହୋଇଯାଏ ମେଘ-ବେଦନା
ଯେଉଁଠି ଅଛ ଫେରି ଆସ ଥରେ
ତମ ବିନା ଆଉ ସହି ହୁଏନା
ତମେ କି କ'ଣ ମୋ ମନକଥା
ବୁଝିପାରନା ?
କେଡ଼େ ମର୍ମଦାହ
ଏ ବିରହ ବେଦନା !
ଭୁକ୍ତଭୋଗୀ ବିନା
କେହି ଅନୁଭବ କରି ପାରେନା ॥

ଅଦୃଶ୍ୟ ଇଙ୍ଗିତ

ମିଛର ଚକ୍ ଚକ୍ ପରଦାର ପଛପଟେ
କ'ଣ ଯେ କାଣ୍ଡକାରଖାନା ଘଟୁଛି
ଜାଣିପାରନ୍ତିନି ଦେଖଣାହାରୀ
କିନ୍ତୁ ଯେ ଜାଣିଛି
ଅଦୃଶ୍ୟ ଇଙ୍ଗିତ ଦେଉଛି
ସେ ଅଛି ପରଦାର ଆଢୁଆଳେ ।

ଭାଙ୍ଗିବା ଗଢ଼ିବା
ଗଢ଼ିବା ଭାଙ୍ଗିବା ତ
ସଂସାରର ଅଲିଖିତ ନିୟମ ।
କ୍ଷତାକ୍ତ ହେବା ରକ୍ତାକ୍ତ ହେବା
ପୁଣି ସମୟର କୋମଳ ପରଶରେ
କ୍ରମେ କ୍ରମେ ରକ୍ତ ଶୁଖିଯିବା
କ୍ଷତ ଭଲ ହୋଇଯିବା
ବିଧି ନିର୍ଦ୍ଦିଷ୍ଟ ।
କିନ୍ତୁ ଲିଭିବନି କ୍ଷତ ଚିହ୍ନ
ରହିଥିବ ସେମିତି
ମନେ ପକେଇ ଦେଉଥିବ
ବେଳେବେଳେ ଆଖିରେ ଦି' ଟୋପା ଲୁହ
ଜକେଇ ଆସୁଥିବ ତ
ହୃଦୟରୁ ଦି' ଟୋପା ଲହୁ
ବୋହି ପଡୁଥିବ, ଅଥଚ କିଛି

ଜଣା ପଡୁ ନ ଥିବା ଭଳି ଲାଗିଲେ ମଧ୍ୟ
ମନଟା ଭିତରେ ଭିତରେ
କରତି ହୋଇଯାଉଥିବ ।

ବାହାର ଦୁନିଆଁରେ ଖାଲି
ବଦଳୁଥିବ ଦୃଶ୍ୟ ପରେ ଦୃଶ୍ୟ
ଯାହାର ଆଦି ନାହିଁ
ଅନ୍ତ ବି ନାହିଁ ॥

କୋଣାର୍କ

ସେବର କୋଣାର୍କ
ଏବର କୋଣାର୍କ
କାହିଁ କେତେ ପାର୍ଥକ୍ୟ,
ସମୟ ସୁଅରେ ଜଉଘର
ପୋଡ଼ିଯାଇ ପାଉଁଶ ହୋଇ
ମିଶିଯାଏ ଶୂନ୍ୟରେ
ହସ୍ତିନାପୁର କିନ୍ତୁ ଥାଏ
ତାକୁ ଆଉ କ'ଣ ଏବେ ଚିହ୍ନି ହୁଏ !

କେତେ ଅବା କୋଣାର୍କର
ପ୍ରସ୍ତର ଯୁଗଳମୂର୍ତ୍ତି
ମନ ମାରି କୁଆଡ଼େ ଗଲେଣି ଉଭେଇ,
ସେ ସ୍ଥାନରେ ଏବେ ଖାଲି
କାରୁକାର୍ଯ୍ୟବିହୀନ ସମତଳ ପ୍ରସ୍ତର ସ୍ଥାପିତ
ସମୟର କରାଳ ସ୍ରୋତକୁ ଡରି
ଏ ସବୁ କରୁଛି କି ପ୍ରଶାସନ ?

କୁଆଡ଼େ ଗଲେ ବାରଶ' ବଢ଼େଇ
କୁଆଡ଼େ ଗଲା ସେମାନଙ୍କ ନିହାଣର ମୂନ ?
ଏବେ କ'ଣ ନାହାନ୍ତି ଓଡ଼ିଶାରେ
ସେମାନଙ୍କ ଦାୟଦ

ଫୁଟେଇବାକୁ ପୁଣି ଥରେ
ମନ୍ଦିର ଗାତ୍ରରେ ଜୀବନ୍ତ ନଟ ଓ ନର୍ତ୍ତକୀ
ଯୁଗଳବନ୍ଦୀ ଓ ଚଉଷଠି କଳାର ପ୍ରତିକୃତି,
ପୁଣି ଥରେ ମଣିଷ ଉପରେ ସିଂହ
ସିଂହ ଉପରେ ହସ୍ତୀର ଅବିକଳ ପ୍ରସ୍ତର ମୂର୍ତ୍ତି !

•

କୋଣାର୍କର ଏକ ଏକେଲା ବଗ

ଡିସେମ୍ବରର ଏକ ଶୀତୁଆ ସକାଳରେ
କୋଣାର୍କରେ ହରରଂଗୀ ପର୍ଯ୍ୟଟକମାନଙ୍କ ମେଳା
ବିଦେଶୀ ଲୋକଙ୍କ ହାତରେ କ୍ୟାମେରା
ଓ ବେକରେ ତୁଳସୀର ମାଳା
ଦକ୍ଷିଣୀ ରମଣୀଙ୍କ ଗଭାରେ ମଲ୍ଲୀମାଳା ।

ସମସ୍ତଙ୍କ ନିର୍ନିମେଷ ନୟନ ନିବଦ୍ଧ
କୋଣାର୍କ ଚକର କାରୁକାର୍ଯ୍ୟରେ
ଅଶ୍ୱ, ଅଶ୍ୱାରୋହୀଙ୍କ ଠାଣିରେ
ପ୍ରସ୍ତର ନର୍ତ୍ତକୀର ବର୍ତ୍ତୁଳ ବକ୍ଷରେ
ଅବା ବ୍ରୀଡ଼ାରତ ଯୁଗଳବନ୍ଦୀରେ
ପ୍ରାଗୈତିହାସିକ କାମ ଓ ମିଥୁନ
ଦୃଶ୍ୟପଟ୍ଟରେ ।
ବାରଶ' ବଢ଼େଇଙ୍କ ଏ ସବୁ
ନିଖୁଣ ଭାବେ ନିର୍ମାଣ କରିବାର
କ'ଣ ଥିଲା ସମ୍ରାଟଙ୍କ ନିର୍ଦ୍ଦେଶ
ନା ବାର ବର୍ଷ ଏକା ଏକା ରହି
ମନର ସୁପ୍ତ ଆକାଙ୍‌କ୍ଷାକୁ କରିଥିଲେ ପରିପ୍ରକାଶ ?

ମୁଁ ବସିଗଲି ଏକା ଏକା
ସଂଲଗ୍ନ ବଗିଚାର ଏକ ପ୍ରସ୍ତର ଉପରେ
କିଛି ସମୟ ବସି ନୀରବରେ
ଫେରିଯାଉଥିଲି ତେରଶ ଶତାବ୍ଦୀକୁ

ଗଙ୍ଗ ବଂଶର ପ୍ରଥମ ନରସିଂହ ଦେବଙ୍କ ସମୟକୁ
'ବାରଶ' ବଢ଼େଇରେ ଦାୟ ନା ଧରମାରେ ଦାୟ !'

ହଠାତ୍ ଏକ ବଗ ଆସି
ଘାସ ପଡ଼ିଆରେ ଏକା ଏକା
ନିର୍ଭୟରେ କଲା ବିଚରଣ
କି ସୁନ୍ଦର ଅଣ୍ଟା ବେକ ତାର
ଆଗକୁ ପଛକୁ ଯାଉଛି ଦୋହଲି ଦୋହଲି
ଏକେଲା ଏକେଲା କରୁଛି
ଜୀବନର ଖାଦ୍ୟ ଅନ୍ୱେଷଣ ।
ତାର ସାଥୀ କୁଆଡ଼େ ଚାଲିଯାଇଛି
ନା ବସାରେ ବସି ଅଣ୍ଡା ଉଷୁମେଉଁଛି
ନା ଉଡ଼ିଯାଇଛି ଚନ୍ଦ୍ରଭାଗାର ସମୁଦ୍ର କୂଳ
ପର୍ଯ୍ୟଟକମାନଙ୍କୁ ଦେଖେଇବାକୁ
ମାଛ ଧରିବାର ଅପୂର୍ବ କୌଶଳ ॥

•

ଚନ୍ଦ୍ରଭାଗାରେ ସୂର୍ଯ୍ୟାସ୍ତ

॥ ଏକ ॥

ସମୁଦ୍ରର ଉତ୍ତାଳ ତରଙ୍ଗ
କୂଳରେ ମଥା ପିଟୁଥାଏ ଥରକୁ ଥର
ତଥାପି ମନୋବାଞ୍ଛା ପୁରଣ ହୁଏ ନାହିଁ ତାର ।
କେଉଁ ଆଦିମ କାଳରୁ ସେ କାହିଁକି ଏପରି
ମଥା ପିଟୁଅଛି ଦେଇପାରନ୍ତିନି କେହି
ତାର ସଠିକ୍ ଉତ୍ତର ।

ସେ ତରଙ୍ଗର ଶୁଭ୍ର ଫେଣ
ତମ ସମ୍ବଲପୁରୀ ଶାଢ଼ିର ଧଡ଼ି ଓ କାନିରେ
ରଖିଦେଲା ତାର ଚିତ୍ରିତ ଚିହ୍ନ
ତମେ ତାକୁ ସାଇତି ରଖିବ
ସ୍ମୃତିର ସିନ୍ଦୁକରେ ନା ଧୋଇ ଦେବ
ତମ ଆଖିର ଆନନ୍ଦାଶ୍ରୁରେ ?
ମୁଁ କିନ୍ତୁ ସେ ତରଙ୍ଗର ଫେଣ
ଟୋଳି ଆଣି ବୋଳି ହେଲି
ଦେହସାରା, ପ୍ୟାଣ୍ଟସାର୍ଟସାରା
କପାଳରେ ଚନ୍ଦନ ଭଳି ଲେପିଲି
କୃତ କୃତ୍ୟ ହେଲି ପାଇ ତାର
ଦେବାନୁଭବତାର ସ୍ପର୍ଶ ।

॥ ଦୁଇ ॥

ନାତିନାତୁଣୀମାନେ ସମୁଦ୍ର ବାଲିରେ
ଘର କରି ଭାଙ୍ଗୁଥିଲେ ଥରକୁ ଥର
ଯେପରି ତରଙ୍ଗ ମଥା ପିଟୁଥିଲା ବାରମ୍ବାର ।
ପୁଣି ଗାଡ଼ କରି ବାଲିରେ
ପୋତୁଥିଲେ ସିପ ଶାମୁକା
ମହାର୍ଘ ସମ୍ପତ୍ତି ସେମାନଙ୍କର ।
ସ୍ୱପ୍ନମାନଙ୍କୁ ଜାବୁଡ଼ିଧରି
ନାଲି ନାଲି ବାଲିକଙ୍କଡ଼ାମାନେ
ଦୌଡୁଥିଲେ ଇତସ୍ତତ, କିଏ ସେଥିରୁ ଗୋଟେ
କାମୁଡ଼ି ଦେଲାଣି ନାତୁଣୀର କଅଁଳିଆ ଆଙ୍ଗୁଠି
ଶୋଷିବାକୁ ତାର ଲାଲ ତାଜା ରକ୍ତ
ନାତୁଣୀର ମନକୁ କରି ଦେଇ କ୍ଷତାକ୍ତ ।

ଦୂର ସମୁଦ୍ରରୁ ଦିଶୁଥିଲା
ବିଶ୍ୱାସର ନୌକାରେ ବସିଥିବା
ଯାତ୍ରୀମାନଙ୍କ ମୁଣ୍ଡ ସବୁ କଳା କଳା ବିନ୍ଦୁ ପରି
ଯାହା ଦୋଳାୟିତ ହେଉଥିଲା
ତରଙ୍ଗର ତାଳେ ତାଳେ ।
ଛୋଟ ଛୋଟ ଷ୍ଟିମ୍‌ବୋଟ ତରଙ୍ଗରେ ଉପରକୁ ଉଠି
ପୁଣି ତଳକୁ ଖସୁଥିଲେ
ଚକ୍‌କର କାଟି ମଜା ନେଉଥିଲେ
ସ୍ୱର୍ଗକୁ ଯିବାର ପଥ ମଧ୍ୟ ସୁଗମ ।
କିଏ ଜଣେ କୂଳରେ ଲମ୍ବ ହୋଇ ଶୋଇ
ଅନେଇଛି ଫାଙ୍କ ଆକାଶକୁ ଅବିଚଳିତ ଚିତ୍ତରେ
ମଝିରେ ମଝିରେ ଲହରୀ ଆସି
ବୁଡ଼େଇ ଦେଉଛି ତାକୁ
ଭ୍ରୂକ୍ଷେପ ନାହିଁ ତାର କାହାକୁ
ଏପରିକି ମୃତ୍ୟୁକୁ !

॥ ତିନି ॥

ହେଇ ଦେଖ ସୂର୍ଯ୍ୟ ଏକ ଲାଲପେଣ୍ଟୁ ସୂର୍ଯ୍ୟାସ୍ତରେ
ରକ୍ତିମ କିରଣ ଝଲମଲ
ସମୁଦ୍ର ଜଳରେ, ଅପୂର୍ବ ସୌନ୍ଦର୍ଯ୍ୟ
ପ୍ରକୃତି ରାଣୀର, ମନ ଉଡୁଥାଏ
କେଉଁ ଅଜଣା ରାଇଜରେ ।

ଏମିତି ବାଗରେ ଫଟୋ ଉଠିଲା ଯେ
ମୁଁ ଧରିଛି ଗୋଲ ଲାଲ ସୂର୍ଯ୍ୟଙ୍କୁ ମୋ ହାତରେ
ସତେ ଯେପରି ସୌର ଜଗତର ସବୁଠାରୁ
ବିଶାଳକାୟ ନକ୍ଷତ୍ର ମୋ ହାତ ପାପୁଲିରେ !
ମନେପଡ଼ିଲା ମୁଁ ଯେପରି ତାଜମହଲ ଉପରେ
ହାତ ରଖିଥିବା ଫଟୋଗ୍ରାଫର କୌଶଳ ।

ଝାଲମୁଢ଼ି, ପକୋଡ଼ି, ଆଇସକ୍ରିମର ସ୍ୱାଦ
ପିଲାଙ୍କ ବାଲିଖେଳ ଆଗରେ ନ୍ୟୁନ
ବାଲି ତ ନୁହେଁ, ସ୍ୱର୍ଣ୍ଣରେଣୁ ସେମାନଙ୍କୁ ପାଇଁ ।
ସମୟର ଏ ଖେଳ
କାହାକୁ ଅମୂଲ ମୂଲ କରି ଦିଏ ତ
କାହାକୁ ଅଙ୍ଗାର, ସମୟ ସୁଅରେ
ଆମେ ଭାସୁଛେ, କାହାର ଯୁ ନାହିଁ
ସେଥିରୁ ମୁକୁଳିବାର ॥

କଳାପାହାଡ଼

ସଂଜ ଗଡିଗଲାଣି
ବାହାର ଲାଇଟ୍ ଲଗେଇ ଦିଅ, ବିନି
ନଚେତ୍ ଅନ୍ଧାର ମାଡି ଆସିବ ଅନାୟସେ
କିଏ ଜାଣେ କିମ୍ଭୁତକିମାକାର ଘଟଣାମାନେ
ସେମାନଙ୍କର କର୍କଶ ମୁହଁମାନ
ଦେଖେଇ ପାରନ୍ତି ଏ ସୁଯୋଗରେ !

ବାହାରେ ଆଲୁଅ ଜଳିଲେ
ଅନ୍ଧାର ଆପେ ଆପେ ମୁହଁ ଲୁଚେଇଦେବ
ଅଦୃଶ୍ୟ ଗୁମ୍ଫାରେ ।
ଆଲୁଅକୁ ତାର ଭାରି ଭୟ
ନଚେତ୍ ସେ କାହାକୁ ମାନେନି,
ଇନ୍ଦ୍ରଚନ୍ଦ୍ରଙ୍କୁ ବି ।

ମହା ପରାକ୍ରମୀ ସମ୍ରାଟର ମୁକୁଟ ପିନ୍ଧି
ହୀରାନୀଳା ମୋତିମାଣିକ୍ୟ ଖଞ୍ଜା
ସିଂହାସନରେ ବସି କରୁଥାଏ ଅଟ୍ଟହାସ୍ୟ
ନିର୍ଦ୍ଦୋଷକୁ ଶୂଳୀରେ ଦସେଇବାକୁ
ଦୋଷୀ ବେକରେ ଫୁଲମାଳ ପକେଇବାକୁ
ଦେଉଥାଏ ଅକାଟ୍ୟ ନିର୍ଦ୍ଦେଶ ।
ପଡୁଥାଏ ତା' ଉପରେ
ଗର୍ବ ଅହଂକାରର ଆଲଟଚାମର

ମଦମତ୍ତର ରେରେକାର ଶବ୍ଦରେ କମ୍ପୁଥାଏ
କୋଣ ଅନୁକୋଣ ତା' ସାମ୍ରାଜ୍ୟର ।
ତା ବିରୁଦ୍ଧରେ କେହି କେବେ
ଏ ପର୍ଯ୍ୟନ୍ତ କରି ପାରି ନାହାନ୍ତି
ସ୍ୱର ଉତ୍ତୋଳନ, ଯିଏ କରିବ
ଅଚିରେ ତାର ମୁଣ୍ଡ କାଟ ହେବ
ଅବା ତାର ପୋଷା ହାତୀ
ନିମିଷକେ ପାହୁଣ୍ଡରେ ଦଳିଦେବ ।

    ସମସ୍ତେ ଏବେ ତ୍ରାହି ତ୍ରାହି ଡାକିଲେଣି
    ତାଙ୍କରି ପାଖରେ ଫେରାଦ ହେଲେଣି
    ପଠାଇବାକୁ ସମୁଜ୍ଜଳ ତେଜସ୍ୱୀ ଆଲୋକଦେବଙ୍କୁ
    ଭସ୍ମୀଭୂତ କରିବାକୁ
    ଅନ୍ଧାରର କଳାପାହାଡ଼କୁ
    ଯେପରି ପାଉଁଶରୁ ପୁଣି ଥରେ
    ସେ ଆଉ ଜୀଇଁ ନ ଉଠେ ।

ପୃଥିବୀ ମୁହଁରେ ପୁଣି ଥରେ
ଫୁଟି ଉଠିବ ମୁଚୁକୁନ୍ଦ ହସ ।

ସ୍ୱର୍ଗୀୟ ସ୍ପର୍ଶ

ଜହ୍ନ ଖେଳୁଛି ମେଘର ଦୋଳିରେ
ନିଷ୍ପ୍ରଭ ତାରାମାନଙ୍କର ବୁଟିକ୍ ପଡ଼ିଛି
ଆକାଶ ଚଦରରେ ।

ଗଛବୃଛ, ପାହାଡ଼ ପର୍ବତ, ନଈନାଳ
ଦୋହଲୁଥିବା କାଶତଣ୍ଡୀ ଚମରରେ
ଜ୍ୟୋସ୍ନା ପହଁରୁଛି ଖେଳାଇ ଶିହୀରଣ
ଦୂରରୁ ଶୁଭୁଛି କପୋତୀର
ଗୁମୁରୁ ଗୁମୁରୁ ଶବ୍ଦର ନିକ୍ୱଣ
ନଈକୂଳ କଦମ୍ବ ଗଛ ଆଡୁ ଭାସିଆସୁଛି
କାହାର କୋମଳ ଗାନ୍ଧାରର ବଂଶୀସ୍ୱନ
ଖେଳିଯାଉଛି ପ୍ରତିଟି ହୃଦୟରେ
ଅଜଣା ସ୍ପନ୍ଦନ ।

ଏମିତି ଅଧ ରାତିଟାରେ
କ'ଣ ମନେ ପଡ଼ିବାର ଥିଲା
ତମ ମୁହଁର କରୁଣ ବିଗଳିତ ଚାହାଣୀ
ଯାହା ବିଦାରିତ କରି ଦେଉଥିଲା
ମୋ ହୃଦୟର ଅଳିନ୍ଦ ନିଳୟ
ସୁଖର ବିହ୍ୱଳିତ ସ୍ପନ୍ଦିତ ମୁହୂର୍ତ୍ତମାନେ କିନ୍ତୁ
ଚପି ହୋଇଯାଉଥିଲେ

କାରୁଣ୍ୟର ପଥର ଖଣ୍ଡ ତଳେ
ଯେତେ ଚେଷ୍ଟା କଲେ ମଧ
ସେ ପଥରମାନେ ଇଞ୍ଚେ ବି
ଘୁଞ୍ଚୁ ନ ଥିଲେ ।

ସତେ ଯେପରି ଅପେକ୍ଷା କରିଥିଲେ
ଯୁଗ ଯୁଗ ଧରି
ଲଭିବାକୁ କାହାର ସ୍ୱର୍ଗୀୟ ସ୍ପର୍ଶ
ନିମିଷକେ ବନିଯିବାକୁ
ସୁନ୍ଦରୀ ନାରୀ ॥

•

ସମ୍ଭାବନାର ପ୍ରତ୍ୟୟ

କିଏ ଜଣେ ପାହାନ୍ତିଆରେ
ଗାଉଅଛି ଗୀତ ଏକ ଅଶ୍ରୁତପୂର୍ବ ସ୍ୱରରେ
ସୂର୍ଯ୍ୟ ଉଇଁବା ପୂର୍ବରୁ
ମୁଁ ହୋଇଗଲି ଗୋଟାପଣେ ତଲ୍ଲୀନ ।
ଆକାଶରେ ତାରାମାନେ
ଆସ୍ତେ ଆସ୍ତେ ଲୁଚୁ ଲୁଚୁ
ଶୁଣୁଛନ୍ତି ସେ ସ୍ୱନ
ଏକ ନୂତନ ରୋମାଞ୍ଚରେ
ହୋଇଯାଇ ଆଚ୍ଛନ୍ନ ।

ଲିଭି ଲିଭି ଆସୁଥିବା
ଜହ୍ନର ଜୋଛନା
ତଥାପି କରିଦିଏ ଆନମନା
ସ୍ୱପ୍ନମାନେ ଓହ୍ଲେଇ ଆସନ୍ତି
ମୋ ବଗିଚାର ଫୁଲମାନଙ୍କ ପାଖକୁ
କେତେ କ'ଣ ଚୁପି ଚୁପି କଥା ହୁଅନ୍ତି
ଫୁଲମାନେ ଖିଲ୍ ଖିଲ୍ ହସନ୍ତି ।

କୋଇଲିର କୁହୁ କୁହୁ ତାନ
କ'ଣ ଶୁଣାଯାଉଛି ଭିନ୍ନ ଏକ ରାଗିଣୀରେ
ତନ୍ଦ୍ରାଚ୍ଛନ୍ନ କରି ସମସ୍ତଙ୍କ
ବିହ୍ୱଳିତ ତନ ମନ ।

ମନର ଆକାଶରେ ଉଙ୍କି ମାରୁଛି
ଭାବି ନ ଥିବା ଆଶା ଓ ଆକାଂକ୍ଷା
କଳନା କରି ନ ଥିବା
ସମ୍ଭାବନାର ରାଶି ରାଶି ପ୍ରତ୍ୟୟ
ଅଭୀପ୍ସାର ଅପ୍ରତ୍ୟାଶିତ ବଳୟ ॥

●

ଏଇ ତିରିଶି ବର୍ଷ ଭିତରେ

ତମ ଘର ଆଗରେ
ଢେର ସମୟ ଠିଆ ହେଲି
କଲିଙ୍ଗ୍ ବେଲ୍ ଟିପିଲି
ଗ୍ରୀଲ୍ ଖଡ୍ ଖଡ୍ କଲି
ଫୋନ୍ କଲି ଥରକୁ ଥର
ରିଙ୍ଗ୍ ହେଲା ଅଥଚ୍ କେହି
ଉଠେଇଲେ ନାହିଁ ଅଥବା
କେହି ଫୋନ୍ ଧରିଲେ ମଧ୍ୟ
କିଛି କଥା ହେଲେ ନାହିଁ ।

ଭାବିଲି, ଏତେ ସମୟ ତମେ କ'ଣ କରୁଛ
ଖୋଲୁନା କାହିଁକି କବାଟ
କ'ଣ ହେଲା ତମର ଆଉ ?
ଚୋର ତମ ଘରେ ପଶି
ତମ ମୁହଁ ଆଗରେ
ବନ୍ଧୁକ ମୁନ ଦେଖେଇ
ଠିଆ ହୋଇଛି କି ଆଉ ?
ଅବା କେଉଁ ଦୁର୍ବୃତ୍ତ ପଶିଚି କି
ତମ ଘରେ ଅନ୍ୟ କେଉଁ ଉଦ୍ଦେଶ୍ୟ ନେଇ ?

ପଡିଶା ଘର ଆଗରେ ତ ଝୁଲୁଛି
ଗୋଟେ ବଡ଼ ତାଲା ।

ବନ୍ଦ ଅଛି ଆଗ ଘର
କବାଟ ଝରକା ସବୁ ।
କାଉ କୋଇଲି ଦିଶୁନାହାନ୍ତି
ଗୋଟେ ହେଲେ ଅଥଚ୍
ସାଇଁ ସାଇଁ ବହୁଅଛି ପବନ
ଆସ୍ତେ ଆସ୍ତେ ସୂର୍ଯ୍ୟଙ୍କ କିରଣ
ହେଲାଣି ଟାଣ ।

ଭାବିଲି, ଫୋନ୍ କରିବି କି ଆଉ
ପୋଲିସ୍‌କୁ ?
ନା, ଫେରିଯିବି
ଆଉ କୋଉ ଦିନ ଆସିବି ।
ଠିକ୍ ଫେରିଯିବା ପାଇଁ
ବାହାରିଲା ବେଳକୁ
କବାଟ ଖୋଲି ତମେ ଗୋଟାପଣେ
ଠିଆ ହୋଇ ପଚାରିଲ-
କାହାକୁ ଖୋଜୁଛନ୍ତି ?
ଏତେ ଜୋର୍‌ରେ ଗ୍ରୀଲ୍ କାହିଁକି
ବାଡ଼ଉଥିଲେ ?
ଫୋନ୍ କାହିଁକି କରୁଥିଲେ ଘନ ଘନ ?
କ'ଣ କାମ ଅଛି ଆପଣଙ୍କର
ମୋ ପାଖରେ ?
ତମ ସପ୍ତର୍ଷିମଣ୍ଡଳର ପ୍ରଶ୍ନବାଚୀ ସ୍ୱରରେ
ଥିଲା ଏକ ଭିନ୍ନ ରାଗିଣୀ !

ମୁଁ କହିଲି –
ତମେ କ'ଣ ମୋତେ

ଜହ୍ନାରୁ ଚିହ୍ନିପାରୁନାହଁ ?
ସୁଖଦୁଃଖ ହେବା ପାଇଁ
ଘର ଭିତରକୁ କ'ଣ ଡାକୁ ନାହଁ ?
ତମର ସ୍ମୃତିମାନେ କ'ଣ ଉଭେଇ ଗଲେଣି କି ?
କ'ଣ ପୁରାପୁରି ଭୁଲି ଗଲଣି କି ମୋତେ
ଏଇ ତିରିଶି ବର୍ଷ ଭିତରେ ?

●

କାଣିଚାଏ ଆଶିଷ

॥ ଏକ ॥

ମୋ ମନ ମନ୍ଦିରର
ହୃଦୟ ସିଂହାସନରେ
ତମକୁ ବସେଇଥିଲି ବୋଲି
ଏତେ ଦଶା ଭୋଗିଲି,
ଶୁଣିଲି ଏତେ ନିନ୍ଦା ଅପବାଦ
ଘୁରି ବୁଲିଲା ମୋ ନାମରେ
କେତେ ନା କ'ଣ ମନଗଢ଼ା କାହାଣୀ ।

କିନ୍ତୁ ତମେ ତ ଥିଲ
ମୋର ଏକମାତ୍ର ଜାଜ୍ଜୁଲ୍ୟମାନ ରୋଷଣୀ ।
ମୋ ହୃଦୟ ସିଂହାସନରେ
ତମେ ବସିଥିଲ, ଏବେ ମଧ୍ୟ
ବସିଛ ଓ ବସିଥିବ
ମୋ ସ୍ୱପ୍ନରେ ପୂର୍ଣ୍ଣଚ୍ଛେଦ
ପଡ଼ିଲା ପର୍ଯ୍ୟନ୍ତ ।

॥ ଦୁଇ ॥

ମୋ ମନ ମନ୍ଦିରର
ହୃଦୟ ସିଂହାସନରେ
ତୁମେ ତ ନିତ୍ୟ ବିରାଜମାନ
ତୁମ ବିନୁ ମୋର

ନାହିଁ ଅନ୍ୟ ଗତି
ତୁମେ ମୋର ପ୍ରାଣଶକ୍ତି
ଦର୍ଶନ, ଶ୍ରବଣ, ଘ୍ରାଣ
ସ୍ପର୍ଶ, ଆସ୍ୱାଦନ, ହୃତ୍‌ସ୍ପନ୍ଦନ
ସବୁ କିଛି ସମ୍ଭବ ତୁମ ଯୋଗୁ
ସର୍ବଶେଷ ମୁକ୍ତି ତୁମେ ମୋର
ଭିକ୍ଷା କରେ କାଣିଚାଏ ଆଶିଷ ତୁମର ॥

●

ମଧୁଚନ୍ଦ୍ରିକା

ରାତିର ନିର୍ଜନତାରେ
ଥରକୁ ଥର ସମୁଦ୍ର ଲହଡ଼ି ଭାଙ୍ଗିବାର ଶବ୍ଦ ।

ନିର୍ଜନ ଅନ୍ଧାର ଆକାଶରେ ତାରାମାନେ
ଆଖି ମିଟିକା ମାରୁଛନ୍ତି
ଦେଖି ସମୁଦ୍ରର ଦାମ୍ଭିକତାକୁ
ନା ଅସହାୟତାକୁ,
ନା ଶୁଣି ନିଶାର ଗର୍ଜନକୁ !

ନିଶା ଗର୍ଜୁଛି ଏକା ଏକା
ଅଥଚ ତାକୁ ଶୁଣିବାକୁ
କେହି ଆସୁନାହାନ୍ତି ତା' ପାଖକୁ
ରାତିସାରା ସମୁଦ୍ର ଗର୍ଜୁଛି
ଡାକୁଚି: 'ଆସ ଆସ
ମୋ ନୀଳ କୋଳକୁ ।'
କିନ୍ତୁ କେହି ଆସୁନାହାନ୍ତି
ଛାଡି ବିମୋହିତ ସ୍ୱପ୍ନମାନଙ୍କୁ
ସମୁଦ୍ର ମଥା ପିଟୁଅଛି
ଥରକୁ ଥର ବେଳାଭୂମିରେ
କେବଳ କେତେଟା ବାଲିକଙ୍କଡା
ଦୌଡି ଦୌଡି ପଶି ଯାଉଛନ୍ତି
ବାଲିର ନିରାପଦ ଗହ୍ୱରରେ ।

ଆଜି ଯେ ଚ଼ନ୍ଦ୍ରର
ନାହିଁ ଦେଖା ଦର୍ଶନ
ବୋଧହୁଏ ସେ ଉଡ଼ି ଉଡ଼ି ଯାଇଛି
କେଉଁ ଏକ ସ୍ୱପ୍ନିଳ ରାଇଜକୁ
ମଧୁଚ଼ନ୍ଦ୍ରିକାରେ ॥

•

ଇଚ୍ଛାମାନେ ଯଦି

ଇଚ୍ଛାମାନେ ଯଦି ମନପବନ କଠଉ ହୁଅନ୍ତି
ଲୋକମାନେ ଧାଡି ବାନ୍ଧିବେ
ତାକୁ ପିନ୍ଧି ବୁଲିବାକୁ ତ୍ରିଭୁବନ।

ଇଚ୍ଛାମାନେ ଯଦି ଶାନ୍ତ ସମୁଦ୍ର ହୁଅନ୍ତି
ଈର୍ଷାମାନେ ତାର ଫେନିଳ ଜଳରାଶିରେ
କରନ୍ତେ ସନ୍ତରଣ ଭିନ୍ନ ଭିନ୍ନ ଭଙ୍ଗୀରେ।

ଇଚ୍ଛାମାନେ ଯଦି ଆକାଶ ହୁଅନ୍ତି
କାମନାର ଚଢ଼େଇମାନେ ସେଠି
ଆନନ୍ଦରେ ବିଚରଣ କରନ୍ତେ
ଡ଼େଣା ହଲାଇହଲାଇ
ହାଲିଆ ନହେଲା ପର୍ଯ୍ୟନ୍ତ।

ଇଚ୍ଛାମାନେ ଯଦି ମେଘ ହୁଅନ୍ତି
ବିଶ୍ୱାସର ଜଳ କଣିକାମାନେ
ସେଠି ବସା ବାନ୍ଧନ୍ତେ
ଅବିଶ୍ୱାସର ବର୍ଷାବିନ୍ଦୁ ନ ଝଡିଲା ପର୍ଯ୍ୟନ୍ତ।

ଇଚ୍ଛାମାନେ ଯଦି ଫୁଲମାନଙ୍କର ସୁବାସ ହୁଅନ୍ତେ
ଆକାଙ୍କ୍ଷାର ମହୁମାଛିମାନେ

ମତୁଆଲା ହୋଇ ସେମାନଙ୍କ ମହୁକୁ ଚୁମନ୍ତେ
ଆକଣ୍ଠ ଭରି।

    ଇଚ୍ଛାମାନେ ଯଦି ଘଞ୍ଚ ଜଙ୍ଗଲର
    କୁଲୁକୁଲୁ ଝରଣା ହୁଅନ୍ତି
    ପ୍ରେମିକ ପ୍ରେମିକାମାନେ ପ୍ରମତ୍ତ ହୋଇ
    ଗୀତ ଗାଇ ଗାଇ
    ତାର ସୁଶୀତଳ ଜଳରେ କରନ୍ତେ ମୁକ୍ତ ସ୍ନାନ
    ବସ୍ତ୍ରମାନଙ୍କୁ କଦମ୍ବଡାଳରେ କରି ସ୍ଥାପନ।

ଇଚ୍ଛାମାନେ ଯଦି ଉଦ୍ଭ୍ରାନ୍ତ ହୋଇଯାଆନ୍ତି
ଅନ୍ୟ ଇନ୍ଦ୍ରିୟମାନେ ହୋଇ ଉଠନ୍ତେ ସକ୍ରିୟ
ଗ୍ରହଣ କରିବାକୁ ତାର ରାଜକୀୟ ଆସନ
ବିବେକ କେବଳ କଲେ ହେଲା ଅନୁମତି ପ୍ରଦାନ ॥

        ●

ଉଦାସୀନତାର ଚିହ୍ନ

ତମେ କହିଥିଲ ଆସିବ ବୋଲି
ନଈପଠାର କାଶତଣ୍ଡୀ ଫୁଲଙ୍କ ପାଖକୁ
ଦିନଯାକର କାମ ସାରି
ଲାଲ ପଡ଼ି ଯାଇଥିବା ସୂର୍ଯ୍ୟ
ଠିକ୍ ବୁଡ଼ିବା ବେଳକୁ
ନଈ ସେପାରିର କଦମ୍ବ ଗଛର ଉହାଡେ ।

ସୂର୍ଯ୍ୟ ଭାବିଥିଲେ ତମ ଗୋରା ତକ୍ ତକ୍ ଦେହରେ
ଲାଲ୍ କିରଣ ଟିକିଏ ବୋଳି ଦେଇ ବୁଡ଼ିଥାନ୍ତେ
ହେଲେ ତମେ ଆସିଲନି
ଠିକ୍ ସମୟରେ, ଯାହାକୁ ତମେ ବୋଧେ
ଭାବିଥିଲ ଅସମୟ, ସୂର୍ଯ୍ୟାଲୋକେ
କ'ଣ କିଏ ହୁଏ ଆତଯାତ
ଗୋରା ଚମଡ଼ାକୁ କଳା କରିବାକୁ
ବିନା ରଙ୍ଗୀନ ଛତାରେ, ଯାହା ତୁମ ପାଖରେ
ନାହିଁ ବୋଲି କଲ ସତ ସତିକା
ନା ମିଛିମିଛିକା ଅଭିନୟ
ଯାହା ସୂର୍ଯ୍ୟ ଜାଣି ପାରିଲେନି
ବୋଧେ ଜହ୍ନ ଆସିଲେ ଜାଣିଯିବେ ତୁମ ଅଭିନୟ ।

କାଶତଣ୍ଡୀ ଫୁଲମାନେ କଲେ ମନ ଦୁଃଖ
କହିଲେ - ତମେ ନ ଆସିବାରୁ ସେମାନେ

ପକେଇ ପାରିଲେନି ତମ ଉପରେ
ଶୁଭ୍ର ଆଲଟ ଚାମର, ନଈପଠାର ବାଲିମାନେ
କେତେ ଅପେକ୍ଷା କରିଥିଲେ ଧରି ରଖିବାକୁ
ତମ ଲହୁଣୀ ପାଦର ଚିହ୍ନ
କୁଳୁକୁଳୁ ଗୀତ ଗାଉଥିବା ନଈ ମଧ୍ୟ
ବନ୍ଦ କରିଦେଲା ଗୀତ, ତା' ଜଳର ଦର୍ପଣରେ
ତମ ପଦ୍ମ ଭଳି ମୁହଁ ନ ଦେଖେଇ ପାରି
ସୁଲୁସୁଲୁ ପବନ
କରିଦେଲା ତା'ର ଶୀତଳତାକୁ ଉଷ୍ମତାରେ ଆଚ୍ଛନ୍ନ ।

ସମସ୍ତ ବୃତ୍ତାନ୍ତ ଶୁଣି ମୋ ଠାରୁ
ଶବ୍ଦ ଝରିଲାନି ତମ ଓଠରୁ
ତମ ଆକ୍ଷିପତାରେ ମୋଟେ ପଡୁନଥିଲା ପଲକ
ତମ ମୁଖମଣ୍ଡଳରୁ ସ୍ପଷ୍ଟ ରୂପେ ବାରି ହୋଇ ପଡୁଥିଲା
ଉଦାସୀନତାର ଏକ ଅସ୍ପଷ୍ଟ ଚିହ୍ନ
ମୁଁ ମଧ୍ୟ ଜାଣି ପାରିଲିନି ତାହାର କାରଣ ।।

•

ଅସହାୟତାର ସ୍ୱର

ସେ ଦିନେ ଏପରି ଆସିବ ବୋଲି
ମୋର ନଥିଲା ଧାରଣା ।

କଦାକାର ରୂପରେ
କଳାହାଣ୍ଡିଆ ମେଘମାନଙ୍କୁ ଘୋଡେଇ ହୋଇ
ତା' ଭିତରେ ଲୁଚାଇ ରଖି ମଲା ଜହ୍ନକୁ
ଆଖିରୁ ଟୋପା ଟୋପା ଲୁହ
ଝରଉଥିବା ଲକ୍ଷ ଲକ୍ଷ ତାରାମାନଙ୍କୁ
ଛିଣ୍ଡା ବସ୍ତାରେ ଭର୍ତ୍ତି କରି ପିଠିରେ ବୁହାଇ ।

ହଠାତ୍ ସେ ଏପରି ଭାବେ ଆସିଲା ଯେ
ମୋ ଭଙ୍ଗା ହୋଇ ନଥିବା ମନରୁ
ଆଶା ଆକାଂକ୍ଷାମାନେ ଭାଙ୍ଗିଗଲେ
ଖଣ୍ଡଖଣ୍ଡ ହୋଇ
ମୋ ହସୁଥିବା ସ୍ୱପ୍ନମାନଙ୍କର ମୁହଁ
ଦିଶିଲା କାନ୍ଦ କାନ୍ଦ
ଚଢ଼େଇମାନେ ବସାରୁ ଚିଁ ଚିଁ ହୋଇ
ଉଡିଗଲେ ଓ ଛାଇ ହୋଇଗଲେ
ଦିଗ୍‌ବିଦିଗ ଆସନ୍ନ ମୃତ୍ୟୁର ଆଶଙ୍କାରେ
ବିଲୁଆମାନଙ୍କର ହୁକେ ହୋ ରଡ଼ି
ବନ୍ଦ ହୋଇଗଲା ଗାଢ଼ ଅନ୍ଧାରରେ
ନିଶା ଗର୍ଜୁଥିବା କାକୁସ୍ଥ ରାତିରେ,

ଦୂରରୁ ଶୁଭୁଛି କା'ର ଗୁମୁରେଇ ଗୁମୁରେଇ ହୋଇ
କାନ୍ଦିବାର କରୁଣ କମ୍ପିତ ସ୍ୱର
କ୍ରମେ କ୍ରମେ ସେ ସ୍ୱର
ହେଉଛି ଆହୁରି ତୀବ୍ରତର ।

ମୁଁ କହିଲି - ତୁ ଆଉ ଆସେନା ଏପରି
ବେଳ ଅବେଳରେ, ଯେଉଁ ରୂପରେ
ଆସିଚୁ ତୁ ସେ ରୂପରେ ଆଦୌ ନୁହେଁ
ରହୁଛନ୍ତି ଯେ ଏଠାରେ
ଗୁଣୀ ଜ୍ଞାନୀ ଭଦ୍ରଲୋକମାନେ
ସମୟକୁ କରୁଛନ୍ତି ପୂଜା
ଧୂପ ଦୀପ ଚନ୍ଦନ ଦେଇ
ରଜନୀଗନ୍ଧାର ମାଳ ପିନ୍ଧାଇ
ନିଜର ଐକାନ୍ତିକ କାମନାମାନଙ୍କୁ
ଯଜ୍ଞ କୁଣ୍ଡରେ ପୂର୍ଣ୍ଣାହୂତି ଦେଇ
ତୁ ଆସିଲେ ଏ କିମ୍ଭୁତକିମାକାର ବେଶରେ
ବିଘ୍ନ ଘଟିବ ସେମାନଙ୍କ ନିର୍ମଳ ନୀଳ ଆକାଶରେ
ଏବଂ ମୋର ଆନୁଗତ୍ୟ ଇନ୍ଦ୍ରିୟମାନଙ୍କରେ ।।

●

ନୀରବତାର ସ୍ୱର

ନୀରବତାର ସ୍ୱରରେ
ମଣ୍ଡିତ ହୋଇଛି ଅନେକ ଭାବନା
ଓ ଆଉ କଳ୍ପନାର ଅନେକ ଅନନ୍ୟ ରୂପରେଖ
କୋମଳ ଗାନ୍ଧାରର ଅନ୍ୟ ଏକ ମୂର୍ଚ୍ଛନା ।

କାନପାତି ଶୁଣ
କେଉଁଠୁ ଆସୁଚି ସେ
ନୀରବତାର ସ୍ୱର
ବହୁ ଦୂର ଦୂରାନ୍ତରୁ
ସ୍ପଷ୍ଟ ରୂପେ ବାରି ହୋଇଯାଉଛି
ଅନ୍ୟ ସ୍ୱରମାନଙ୍କ ମଧ୍ୟରେ
ଶିହୀରଣ ତୋଳୁଅଛି ତନମନ ତନ୍ତ୍ରୀରେ
ଅନୁଭବ କରିପାରିଲେ ହେଲା
ତାକୁ ଅନାବିଳ ଅନ୍ତରରେ,
ସେ କ'ଣ ଅପାର୍ଥିବ ପ୍ରେମର ରାଗିଣୀ
ନା ତରଙ୍ଗାୟିତ ସଂଗୀତର
ଏକ ଅବ୍ୟକ୍ତ କାହାଣୀ !

ହଠାତ୍ ଦେଖିଲି ଅଦୃଶ୍ୟରେ
ତମେ ଏକ ପ୍ରସ୍ତର ମୂର୍ତ୍ତୀ ପରି
ଠିଆ ହୋଇଛ ନୃତ୍ୟ ଭଙ୍ଗୀରେ
ନୀରବତାର ଏକ ଶୂନ୍ୟବଳୟ

ଘେରି ରହିଛି ତମ ଚତୁଃପାର୍ଶ୍ୱରେ
ବନ୍ଦ ଅଛି ତମ ପାଟି
ଅଥଚ ଆସୁଛି ତମ ମୁହଁଆଡୁ
ସେଇ ନୀରବତାର ସ୍ୱର
ଯାହାକୁ ମୁଁ ପଢିବାକୁ କରୁଥିଲି ପ୍ରଚେଷ୍ଟା
କିଛି ବୁଝି ହେଉଥିଲାବେଳେ
କିଛି ବୁଝି ହେଉ ନଥିଲା ଆଦୌ
ଅଥଚ ତମେ କ'ଣ ମୋ ନୀରବତାର ସ୍ୱରକୁ
ଅନାୟସେ ପଢ଼ି ପାରୁଥିବାର ଦେଉଥିଲ ସଙ୍କେତ
ନା କରୁଥିଲ ନିର୍ଭୁଲ ଅଭିନୟ ।

ମୁଁ ପ୍ରଚ୍ଛଦପଟରେ ରହି
କରୁଥିଲି ନିରୀକ୍ଷଣ
ତମର ନୀରବତାର ସ୍ୱର
ଯାହା ମିଶିଯାଉଥିଲା ମୋ ନୀରବତାର ସ୍ୱର ସହ
କ୍ଷଣକୁ କ୍ଷଣ ।

•

ଶୂନ୍ୟ ମନ୍ଦିର

ଶୂନ୍ୟ ମନ୍ଦିରରେ ଶୂନ୍ୟ ଠାକୁର
ଶୂନ୍ୟେ ନେତ ଉଡ଼େ ଫରଫର ।

ଶୂନ୍ୟ ସୁବର୍ଣ୍ଣ ଦଧିନଉତି
କରୁଅଛି ଚକ୍‌ଚକ୍
ଶୂନ୍ୟ ସୂର୍ଯ୍ୟଙ୍କ ସୁନେଲୀ କିରଣେ
ଆସନ୍ତି ଦର୍ଶନାଭିଳାଷୀ ଭକତଗଣେ
ଶୂନ୍ୟ ଧାଡ଼ିରେ ଓ ଶୂନ୍ୟରେ ଫେରନ୍ତି
ହସହସ ମୁହେଁ ଆନନ୍ଦ ମନେ
ଲୋଡ଼ା ନାହିଁ ଆଉ କିଛି ଜିନିଷ
ମିଳୁଥାଉ ତାଙ୍କ ଅଦୃଶ୍ୟ ଆଶିଷ ।

ଦୂରରୁ ଶୁଭୁଛି ନିଃଶବ୍ଦରେ
ହରିବୋଲ ହୁଳହୁଳି
ଘଣ୍ଟ ଘଣ୍ଟା କରତାଳି
ସମସ୍ତେ କ'ଣ ପରସ୍ପର ମଧ୍ୟେ
ଦେଉଛନ୍ତି ବିଭିନ୍ନ ରଙ୍ଗର
ଶୂନ୍ୟ ଅବିର ବୋଳି
ନୃତ୍ୟ କରୁଛନ୍ତି ଶୂନ୍ୟ ଦୁଇ ହାତ
ଉପରକୁ ଟେକି
ଆଦିଗନ୍ତ ଦେଖାଯାଉଛି କ'ଣ

ଅଦୃଶ୍ୟ ରାଧା କୃଷ୍ଣଙ୍କ
ସ୍ୱର୍ଗୀୟ ଅନାବିଳ କେଳି
ଯାହାର ଆଦି ଅନ୍ତ କରି ହେଉନାହିଁ କଳି
ଏ କଳି କାଳରେ ।

ଶୂନ୍ୟେ ଦେବତାମାନେ ହେଉଛନ୍ତି ଆତଯାତ
ନାନା ରୂପେ
ସେ ଅପାର୍ଥିବ କେଳିର ରସାମୃତ
କରୁଛନ୍ତି ଆସ୍ୱାଦନ
ନିର୍ନିମେଷ ନୟନରେ କରି ଅବଲୋକନ
ଛାର ମାନବର କାହିଁ ବା ସେ ଅପାର୍ଥିବ ନେତ୍ର
ସେ ଦୁର୍ଲଭ ଦୃଶ୍ୟକୁ କରିବାକୁ ଦର୍ଶନ
ଯାହା ନୀଳ ଜ୍ୟୋତିରେ ପୂର୍ଣ୍ଣ,
ଯାହା ଥିଲା ଅତୀତରେ, ଅଛି ବର୍ତ୍ତମାନରେ
ରହିଥିବ ଭବିଷ୍ୟତରେ କାଳକାଳ ପାଇଁ
ଏ ବିଶ୍ୱ ବ୍ରହ୍ମାଣ୍ଡରେ, ଯାହା ଶୂନ୍ୟ
ମହାଶୂନ୍ୟରେ ପୂର୍ଣ୍ଣ ।।

●

ଆଲୋକିତ ଅନ୍ଧାର

ଝାପ୍‌ସା ଝାପ୍‌ସା ଆଲୋକିତ
ଆଦିମ ଅନ୍ଧାରରେ
ମୁଁ ନଚାଲିଲା ଭଳିଆ ଚାଲୁଅଛି
ନା ଲମ୍ବା ଲମ୍ବା ପାହୁଣ୍ଡ ପକାଇ
ଦୌଡ଼ିବାର ଅଭିନୟ କରୁଅଛି
ସାଥିରେ ଧରି ମୋର ଅନୁଗତ ଇନ୍ଦ୍ରିୟମାନଙ୍କୁ
ଯେଉଁମାନେ ମୋ ପାଦ ସହ ତାଳ ମିଳାଇ
ଏକ କୋମଳ ନା କର୍କଶ ଗାନ୍ଧାର
ସଂଗୀତର ତୋଳୁଛନ୍ତି ମୃଣ୍ମୟୀ ମୂର୍ଛନା
ଯାହା ଶୁଣି ଶୁଣି ଦୂରନ୍ତ ଆକାଶର
ତାରାମାନେ ଝୁମି ଝୁମି ନାଚି ନାଚି
ଲମ୍ବ ଲମ୍ବ ହାତମାନ
ତଳକୁ ଦେଉଛନ୍ତି ଝୁଲାଇ
ନିର୍ଦ୍ୱନ୍ଦ୍ୱରେ ନିର୍ବିକାରରେ ।

କିଏ ଜଣେ ମୋର ହାତ ଧରି
ପବନ ବେଗରେ ମୋତେ କୁଆଡେ
ନେଇ ଯାଉଛି ଟାଣି ଟାଣି
ମୁଁ ଆଦୌ ପାରୁନାହିଁ ଜାଣି,
ସବୁ ଆଡ଼େ ଖାଲି ନିର୍ମମ ଅନ୍ଧକାର
ସରୁ ନଥିବା ରାସ୍ତା ଯେ ସରୁନାହିଁ
ଲମ୍ବି ଅଛି ଆଲୋକ ଆଲୋକ ବର୍ଷ ପର୍ଯ୍ୟନ୍ତ

ନଈ ଭଳି ଅଙ୍କାବଙ୍କା
ପାହାଡ଼ ଉପରକୁ ଉଠିବ ତ
ତଳକୁ ଖସିବ ବିଜୁଳି ବେଗରେ ।

ରାସ୍ତା ସାରା କ'ଣ ସବୁ ଭର୍ତ୍ତି ହୋଇଅଛି
ଆଦୌ ଜଣା ପଡୁ ନାହିଁ ନିଟୋଳ ଅନ୍ଧାରରେ
କାଇଁ କିଏ ତ ଆସୁନାହିଁ
ଚାଖି ଚାଖି ମିଠା କୋଳି
ମୋତେ ଖୁଆଇ ଦେବାକୁ
କାଇଁ ରାସ୍ତାରେ ଗୋଟିଏ ହେଲେ
ପଥର ଖଣ୍ଡ ନାହିଁ ଯାହାକୁ ସ୍ପର୍ଶ କରିଦେଲେ
ସେ ବନିଯିବ ଏକ ଅନିନ୍ଦ୍ୟ ସୁନ୍ଦରୀ ନାରୀ !

ମନର ଇନ୍ଦ୍ରଧନୁ

ମନର ଇନ୍ଦ୍ରଧନୁରେ
ମମତାର ଶର ଯୋଖି
ଲକ୍ଷ୍ୟ ଭେଦ କଲି
ତମର ଅଦୃଶ୍ୟ ହୃଦୟକୁ
ଯାହାର ଅଳିନ୍ଦ ନିଳୟରୁ
ବୋହିଲାନି ଟୋପେ ହେଲେ
ଅନାବିଳ ଲାଲ ତାଜା ରକ୍ତ ।

ବୋଧହୁଏ ତମର ସ୍ୱାର୍ଥପର ରକ୍ତକଣିକାମାନେ
ହରେଇ ବସିଛନ୍ତି ଅମ୍ଳାନ ଅମ୍ଳଜାନ
ବହନ କରିବାର କ୍ଷମତା
ପ୍ରଦୂଷିତ ତମର ମ୍ଳାନ ପଡ଼ି ଯାଇଥିବା
ଅଳିନ୍ଦ ନିଳୟରେ !
କଣ ତୁମେ ଯୁଦ୍ଧ କରିବାର କ୍ଷମତା
ହରେଇ ବସିଛ
ଏ ଯୁଦ୍ଧ ଖୋର ପୃଥିବୀର ରଣ ପ୍ରାଙ୍ଗଣରେ ?

ମୁଁ ଗୋଟି ଗୋଟି କରି ଡାକିଲି
ଆକାଶର କଳା ଗାଲିଚାରେ
ଖଚିତ ହୋଇଥିବା ସହସ୍ର ସହସ୍ର ତାରାମାନଙ୍କୁ
ନିର୍ଦ୍ୱନ୍ଦ୍ୱରେ ଆସି ଯୋଗସନରେ ବସିଯିବାକୁ

ମୋ ଜୀର୍ଣ୍ଣଶୀର୍ଣ୍ଣ ଶରୀରର ଲୋମକୂପ ମାନଙ୍କରେ
ହସୁଥିବା ଉତ୍‌ଫୁଲ୍ଲିତ ଜହ୍ନକୁ ଡାକିଲି
ଖସି ପଡ଼ିବାକୁ କେତେକାଳୁ ଅପେକ୍ଷାରତ
ମୋ ସ୍ପନ୍ଦିତ ହୃଦୟରେ ତନ୍ଦ୍ରାଚ୍ଛନ୍ନ କରିବାକୁ ।

ସକଳ ବଳରେ ବଳୀୟାନ
ସୂର୍ଯ୍ୟଙ୍କୁ ମାଗିଲି ତାଙ୍କର କାଣିଚାଏ
ସୌର ଶକ୍ତି ଯାହା ଚଳତକ୍ଷମ କରିବ
ଅକାମୀ ହୋଇ ପଡ଼ିଥିବା ମୋ ଇନ୍ଦ୍ରିୟମାନଙ୍କୁ
ଗୋଟି ଗୋଟି କରି ।

ତାଙ୍କୁ ମାଗିଲି ଦେବାକୁ ଟିକିଏ
ଅଦୃଶ୍ୟ ତୃତୀୟ ନେତ୍ର
ଦର୍ଶନ କରିବାକୁ ଅଦୃଶ୍ୟ ଦୃଶ୍ୟ ସବୁ
ଯାହା ମୋ ମନର ଇନ୍ଦ୍ରଧନୁ
ଆଙ୍କି ଦେଇଛି ସାତ ସହସ୍ର ରଙ୍ଗ
ଯାହା କ୍ରମେ କ୍ରମେ ବଢ଼ି ବଢ଼ି
ହେଲାଣି ଅଦୃଶ୍ୟ ପାହାଡ଼
ତମେ କଣ ସେ ପାହାଡ଼ ଉପରେ ବସି
ନିର୍ନିମେଷ ନୟନରେ ଅନେଇଚ
ସମସ୍ତ ଦିଗକୁ ମୁହଁକୁ ଚରିପଟକୁ
ଅନାୟସେ ବୁଲେଇ ବୁଲେଇ
ଯାହାକୁ କେବଳ ମୁଁ ଦେଖି ପାରୁଥଲି
ମୋର ଅଦୃଶ୍ୟ ତୃତୀୟ ନେତ୍ରରେ ।।

ଆଶା ବୈତରଣୀ

ପିତା, ପିତାମହ, ପ୍ରପିତାମହ
ମାତା, ମାତାମହୀ, ପ୍ରମାତାମହୀଙ୍କୁ
ସ୍ମରଣ କରୁଛି ସନାତନ
ଦଶାଶ୍ୱମେଧ ଘାଟରେ
ତିଳତର୍ପଣ କଲାବେଳେ
ସେମାନଙ୍କ ଆଶୀର୍ବାଦ ଭିକ୍ଷା କରୁଛି
ନତମସ୍ତକ ହୋଇ
ସେତେବେଳେ ତା ମନରେ
ହଠାତ୍ ଆସିଲା ଭାବନା:
ତାର ଚାକିରୀରେ ହୋଇଯାଆନ୍ତା ହେଲେ ପ୍ରମୋସନ,
ମନ୍ତ୍ରୀ ପଦଟା ମିଳିଯାଆନ୍ତା ହେଲେ,
ହାଇକୋର୍ଟର ମୁଖ୍ୟ ବିଚାରପତି ଆସନ
ଅଳଂକୃତ କରନ୍ତା ହେଲେ,
ନଚେତ୍ ଆମେରିକାରେ ଆମ୍ବାସ୍ୟାଡ଼ର
ହୋଇଯାଆନ୍ତା ହେଲେ !

ହେ ପୂର୍ବପୁରୁଷଗଣ
ବଢାଅ ଟିକିଏ ଆଶୀର୍ବାଦର ହାତ
ସବୁ ଯେମିତି ହୋଇଯାଆନ୍ତା କରାୟତ
ପ୍ରଲୋଭିତ ଆଖି ବୁଜି
ମୁହଁ କଲା ଆକାଶର ବିଶାଳ ବକ୍ଷକୁ
ଆହୁରି ବଢାଇବାକୁ ଚେଷ୍ଟା କଲା ଏକାଗ୍ରତାକୁ

କିନ୍ତୁ କାଇଁ ତାର ମନଶ୍ଚକ୍ଷୁରେ
କିଛି ଦେଖାଯାଉନି ଯେପରି
ସବୁ ଫାଙ୍କା, ଦିଗନ୍ତବ୍ୟାପୀ ଫାଙ୍କା
ଶୂନ୍ୟ, ଶୂନ୍ୟ, ମହାଶୂନ୍ୟ !

ହଠାତ୍ ସନାତନ ଆଖି ପତାକୁ ଟେକି
ଅନେଇଦେଲା
କୁଆଡ଼େ କାଉଟେ ଆସି
ପିଣ୍ଡରୁ ଖୁମ୍ପାଏ ଧରି ଉଡି ଚାଲିଗଲା ।

ମଧୁମକ୍ଷି

ଠିଆ ହେବନାହିଁ ଦୌଡିବ ନାହିଁ ବୋଲି
ଗୁରୁଣ୍ଡି ଗୁରୁଣ୍ଡି ଚଢୁଛି
ଦଶ ଫୁଟ ଗଲେ ପାଞ୍ଚ ଫୁଟ ପୁଣି
ତଳକୁ ଖସିଆସୁଛି
ତଥାପି ସେ ଚଢୁଛି
ଲକ୍ଷ୍ୟ ରଖି ଜୀବନରେ
ଶୀର୍ଷ ଶୃଙ୍ଗପରେ ଯାହା ଜାଜ୍ୱଲ୍ୟମାନ
ଦେଦୀପ୍ୟମାନ, ନୀଳଜ୍ୟୋତିରେ ଗରୀଆନ ।

ଚାହିଁ ଚାହିଁ ଆଖି କେବେ
ମୁଦି ହୋଇଯାଏ
ଶୋଷ ନ ଲାଗିଲେ ବି
ଶୋଷରେ ଆଉଟୁପାଉଟୁ ହେଉଥାଏ
ପାଚିବନି ବୋଲି ପଣ କରି ମଧ
ଭିତରେ ଭିତରେ ସେ ପାଚିପାଚି ଯାଏ
ପୁରା ପାଚିଗଲେ ଝୁଣି ଝୁଣି ତାକୁ
ଖାଇଯିବେ ଯେତେ କ୍ଷୁଧାର୍ତ୍ତ
ଶାଗୁଣାର ଦଳ
ତଥାପି ସେ ଅବିରତ କରିବ ସଂଘର୍ଷ
ଦେଇଛନ୍ତି ଯେବେ ତାକୁ
ଅମୂଲ୍ୟ ସଂପଦର ଗନ୍ତାଘର ।

ସମୟ କିନ୍ତୁ ଅପେକ୍ଷା କରେନି
ଅନ୍ଧାରରେ ସେ ମଧ୍ୟ ଦୌଡୁଥାଏ
ତାକୁ ଜୀବନରେ ପୁରା ପକ୍ୱ କରେ
ଅଦୃଶ୍ୟ ଆଲୋକରେ ଯାହା
ଅଚିରେ ଝଟକୁ ଥାଏ
ଦୂରୁ ଟାଣି ହୋଇ ଆସନ୍ତି
ଅଗଣିତ କ୍ଷୁଧାର୍ତ୍ତ ଲୋଲୁପ ଆକ୍ଷି
ଯେହ୍ନେ ଘୁରୁଥାନ୍ତି
ପ୍ରସ୍ଫୁଟିତ ପୁଷ୍ପ ଚତୁର୍ଦ୍ଦିଗେ
ଦଳ ଦଳ ମଧୁମକ୍ଷି ॥

•

ହୁଇପ୍ ହୋଇଛି ଜାରି

ଅପରାହ୍ନର ସ୍ୱର୍ଣ୍ଣାଭ ନରମ ଖରା
ଝୁଲୁଅଛି ଅରୋକାରିଆ ଗଛର ଡାଳରେ
ଓ ଆସ୍ତେ ଆସ୍ତେ ଓହ୍ଲାଉଅଛି
ଦିଗ୍‌ବଳୟର ଅଦୃଶ୍ୟ ଅନ୍ଧାରରେ
ଯେଉଁଠି ପାପପୁଣ୍ୟର ହିସାବ ନିକାଶ ହୁଏ
ପାଇବା ଓ ନ ପାଇବାର ଦ୍ୱନ୍ଦ୍ୱ ଭିତରେ
ହିସାବ ନିକାସ ସରୁ ସରୁ
ନିଭିଯା'ନ୍ତି କ୍ଳାନ୍ତ ଆକାଶରୁ ତାରାମାନେ
ମଲା ଜହ୍ନ ପଡିଯାଏ ଆହୁରି ମ୍ଲାନ
ତଥାପି ତାର ଛାଡି ନଥାଏ ଗୁମାନ ।

ଆଜି ରାତି ତିନିଟାରେ
ମିଟିଙ୍ଗ୍ ହେବ ସଚିବାଳୟରେ
କୌଣସି ଏକ ଗୁରୁତ୍ୱପୂର୍ଣ୍ଣ ବିଲ୍‌ର
ପେଶ୍ ହେବ ଆଲଟ ଚାମର ପଡି
ରାଜକୀୟ ଆଦବକାଇଦାରେ
ମନ୍ତ୍ରୀ ପାରିଷଦମାନଙ୍କ ମୁହଁରେ
ବୋଳା ହେବ ବରଫ ମିଶା ହସ
ତାପରେ ସେମାନେ ନିଭୃତରେ
ଖିଲ୍ ଖିଲ୍ ହୋଇ କାନ୍ଦିବେ

ଓ ଭାଙ୍ଗିଯାଇଥିବା କଲମରେ
ଦସ୍ତଖତ କରିବେ
ଓ ଭ୍ରାନ୍ତ ଆକାଶରୁ ତାରାମାନେ
ନିଭିବା ପୂର୍ବରୁ ଅନ୍ତର୍ଦ୍ଧ୍ୟାନ ହୋଇଯିବେ ।

ହୁଇପ୍ ହୋଇଛି ଜାରି,
ଠିକ୍ ଆଜି ରାତି ତିନିଟାରେ
କେହି ନ ଭୁଲନ୍ତି ଯେପରି ॥

●

ବିସ୍ଫୋରଣ

ନିଃଶବ୍ଦରେ ଶବ୍ଦସବୁ ଭାଙ୍ଗିଯାଏ
ଆଦିଗନ୍ତ ଆକାଶର ନିଭୃତ କୋଣରେ
କାନପାରି ଶୁଣ କାଳେ ଶୁଣାଯାଉଥିବ
ସେ ଭାଙ୍ଗି ଯାଉଥିବା କିମ୍ଭୁତକିମାକାର ଶବ୍ଦର କୋରସ୍
ଯେପରି ଶୁଣାଯାଉଛି ବର୍ତ୍ତମାନ ବି
କୋଟି କୋଟି ବର୍ଷ ତଳେ
ଘଟିଥିବା ବିଗ୍‌ବ୍ୟାଙ୍ଗ ବିସ୍ଫୋରଣର ଶବ୍ଦ ।

ସମୟ ସାଥିରେ ତ ବିସ୍ଫୋରଣ
ହେବ ଇ ହେବ, ବିସ୍ଫୋରଣର
ଶବ୍ଦସବୁ ଖେଳିଯିବ ଦିଗ୍‌ବିଦିଗ
ସାରା ବିଶ୍ୱବ୍ରହ୍ମାଣ୍ଡ, ହିମାଳୟ ଶୃଙ୍ଗରୁ
ସୂର୍ଯ୍ୟାଲୋକରେ ଚକ୍ ଚକ୍ କରୁଥିବା ବରଫଖଣ୍ଡ
ସବୁ ଖସିବ ଗୋଟିଗୋଟି ହୋଇ
ଓ ତାହା ଖରସ୍ରୋତା ନଦୀ ବନି
ସୁନାମିରେ ହେବ ପରିଣତ
ପର୍ବତରୁ ଅଚାନକ ଖସିବ ଗୋଟି ଗୋଟି
ପ୍ରକାଣ୍ଡ ପଥରଖଣ୍ଡ,
ଦୋକାନ ବଜାର, କୋଠାବାଡ଼ି ମଣିଷସବୁ
ନିମିଷକେ ବନିଯିବେ
ଅହଂକାର, ଔଦ୍ଧତ୍ୟର ଗୁଣ୍ଡ ।

ତମେ କ'ଣ ଗୋଟେ ବିସ୍ଫୋରଣ
କରିବ ବୋଲି କହୁଥିଲ ରାଜନୀତିରେ
ତମକୁ ହଠାତ୍ ଦିନେ ଦଳରୁ
ବିତାଡିତ କଲାପରେ ରାତି ବାରଟାରେ ।

କରିବ କରିବ ବୋଲି କହୁଛ
କିନ୍ତୁ କେବେ କରିବ ବିସ୍ଫୋରଣ
ଆମେ ସମସ୍ତେ ଅନେଇ ବସିଛୁ ଯେ
ଦୂରଦର୍ଶନ ! ॥

ଲୁହ ଭର୍ତ୍ତି ଆଖି

ନୀଳ ଆକାଶ ସାରା ଭର୍ତ୍ତି ହୋଇଛି
ଥାକ ଥାକ ତୁଳାର ମେଘ
କିଏ ସେ ଅଦୃଶ୍ୟ କରିତକର୍ମା
ଗୋଟାଯାକ ଆକାଶରେ
ତୁଳା ମେଘ ଭିଣି ଭିଣି
ଦେଇଛି ଖେଳେଇ
ସମସ୍ତଙ୍କ ମନ ନେଉଚି କିଣି ।

ଗୋଟେ ଧଳା ବଗ ଉଡ଼ି ଉଡ଼ି
ଯାଉ ଯାଉ ଝାଡ଼ି ଦେଲା ପରଟିଏ
ଯାହା ଶୂନ୍ୟେ ଶୂନ୍ୟେ ଉଡ଼ି ଉଡ଼ି
ତୁଳା ମେଘ ଭିତରେ ପଶିଗଲା
କେଉଁଠି କେଜାଣି, ଆଦୌ ଜଣା ପଡିଲାନି ।
ହସିଦେଲା ମେଘ ଟିକିଏ,
କାହିଁକି ହସିଲୁ ବୋଲି ପଚାରିଲାରୁ
କହିଲା - ଶକୁନି କାହିଁକି
ହସିଥିଲେ ବରଫଲଟିଏ ଭାସିଯିବାରୁ ?

ତୁଳା ମେଘ ଖଣ୍ଡଟି ହସିହସି
ଲାଗିଗଲା ଭାସି ଭାସି
ଇଉକାଲିପ୍ଟସ୍ ଗଛର ସିଲଭର ଦେହରେ
ଯେତେ ଚେଷ୍ଟା କଲେ ବି

ତା ଦେହରୁ ଆଉ ଛାଡ଼ିଲାନି
ଆସ୍ତେ ଆସ୍ତେ ଯେପରି ମିଳେଇଗଲା
ତା ସିଲଭର ଦେହରେ
ଓ ତା'ପରେ ଟୋପା ଟୋପା
ହର୍ଷଦ ବର୍ଷା ହୋଇ ଝଡ଼ି ପଡ଼ିଲା
ଆକାଶକୁ ପାଟି ମେଲା କରି
ଅନେଇଥିବା ବିମର୍ଷ ମାଟିରେ ।

    ମାଟି ଯେପରି ଆଖିରୁ ଲୁହ ନ ଗଡ଼େଇ
    କଇଁ କଇଁ ହୋଇ କାନ୍ଦୁଥିଲା ନିର୍ଜନରେ
    ଅନେକ ରାତି ଧରି
    ଏବେ ଲୁହର ହ୍ରଦ ଭର୍ତ୍ତି ତା ଆଖିରେ ॥

●

ବ୍ରହ୍ମ କମଳ

କମଳରେ କମଳ
ତୁ ଯେ କୋଟିକରେ ଗୋଟିଏ
ପବିତ୍ର, ସ୍ୱର୍ଗୀୟ ବ୍ରହ୍ମ କମଳ
ବ୍ରହ୍ମା ଓ ବିଷ୍ଣୁଙ୍କର ତୁ ଯେ ନିବାସସ୍ଥଳ
ବ୍ରହ୍ମାଙ୍କ ହସ୍ତରେ ସୁଶୋଭିତ
ହିମାଳୟ ଯେ ତୋର ନିବାସସ୍ଥଳ ।

ବର୍ଷକରେ ଥରେ ବର୍ଷାଋତୁର ଆରମ୍ଭରେ
ତୁ ଯେ ହେଉ ପ୍ରସ୍ଫୁଟିତ ଗୋଟିଏ ମାତ୍ର ରାତ୍ରିରେ
ଅଳ୍ପ କେଇ ଘଣ୍ଟା ପାଇଁ
ତା ପୁଣି ମଧ୍ୟ ରାତ୍ରିରେ
ସୁବାସିତ ବାସ୍ନା ତୋର
ଖେଳିଯାଏ ଗଗନ ମଣ୍ଡଳେ
ଜନ୍ମ ତୋର ସାର୍ଥକ
ଏ ମହୀମଣ୍ଡଳେ ।

ତୁ ଯେ ସନ୍ତୋଷ, ସୌଭାଗ୍ୟ ଓ ଉନ୍ନତିର ପ୍ରତୀକ
ତୁ ଯେ ଅତି ପ୍ରିୟ କେଦାରନାଥ, ବଦ୍ରିନାଥଙ୍କ
ବିଷ୍ଣୁ ତତେ କରିଥିଲେ ଅର୍ପଣ ମହାଲକ୍ଷ୍ମୀଙ୍କୁ
ତୁ ଯେ ସମ୍ରାଟ ହିମାଳୟ ପୁଷ୍ପମାନଙ୍କ ।

ଆମର ଅହୋଭାଗ୍ୟ ଯେ
ପ୍ରଥମ ଥର ପାଇଁ ତୁ ଆବିର୍ଭାବ ହୋଇଛୁ
ଏ ବର୍ଷାଭିଜା ଅର୍ଦ୍ଧରାତ୍ରିରେ
ତୋର ଶୁଭ୍ର ପ୍ରସ୍ଫୁଟିତ ଶୁଭ୍ରଦଳ
ରାତ୍ରିର ଅନ୍ଧକାରରେ ହେଉଛି
ଜାଜ୍ଜୁଲ୍ୟମାନ, ଦେଦୀପ୍ୟମାନ
ପ୍ରଫୁଲ୍ଲିତ କରୁଛି ମନ
ଭକ୍ତି ଭାବରେ ତଲ୍ଲୀନ
ସାତ୍ତ୍ୱିକ ଭାବନାରେ ଆଚ୍ଛନ୍ନ
ତୋର ଅପୂର୍ବ ମହକରେ
ଖଣ୍ଡମଣ୍ଡଳ ମୋହାଚ୍ଛନ୍ନ ।

ବହୁତ ଦିନ ହେଲା କରିଥିଲୁ ଅପେକ୍ଷା
କେବେ ତୁ ଆସିବୁ
ଦେବୁ ଅଲୌକିକ ଦରଶନ
ଏତେ ବର୍ଷ ପରେ ଅପେକ୍ଷାର
ହେଲା ଅବସାନ
ଜଗନ୍ନାଥଙ୍କ ଅଦୃଶ୍ୟ ଇଙ୍ଗିତରେ
ସ୍ୱରୂପ ଦେଖାଇ କରିଲୁ କୃତକୃତ୍ୟ
ଆମର ସନ୍ତୁଳିତ ଜୀବନ
କାଳିଆଙ୍କ ପାକେ ଲାଗି ହେବାପାଇଁ
ଆମର ତତ୍ପର ମନ ।

ସମସ୍ତେ ପୂଜନ୍ତି ତତେ
ବନ୍ଦାନ୍ତି ତତେ
ଦୂର ଦୂରାନ୍ତରରୁ ଆସି

ଜଗା କାଳିଆଙ୍କୁ
କରନ୍ତି ଅରପଣ
ଆଖିରୁ ବୋହୁଥାଏ
ଆନନ୍ଦାଶ୍ରୁ ଘନଘନ
ଧନ୍ୟ ତୁରେ ବ୍ରହ୍ମ କମଳ
ତୋର ଅପ୍ରତ୍ୟାଶିତ ଆଗମନେ
ଧନ୍ୟ ଆମ ମାୟାମୋହର ଜୀବନ ॥

●

କ୍ରୋଧିତ ପୃଥିବୀ

ଚିଲଟିଏ ଆକାଶରେ ଚକ୍‌କର କାଟୁଛି
ମଣିଷ କିନ୍ତୁ ପୃଥିବୀର ସମସ୍ତ ଅଙ୍ଗକୁ କାଟି
ଛିନ୍‌ଭିନ୍ କରିଦେଉଛି
କାଟୁଛି ବୃକ୍ଷଲତା, ଜଙ୍ଗଲ
ପାହାଡ଼, ପର୍ବତ, ଝରଣା, ନଦୀନାଳ
ମାଟି, ପାଣି, ପବନ ଓ ଆକାଶ ।
ପୃଥିବୀମାତା ଆଖିରେ କ୍ରୋଧର ଲୁହ
ଦିନେ ସେ କରିଦେବ ଭସ୍ମ
ସମଗ୍ର ମାନବ ଜାତିକୁ
ନାହିଁ ଆଉ ନିସ୍ତାର
ସୁମେରୁ ଆଉ କୁମେରୁରୁ ଭାସିଆସିବ
ବରଫ ଖଣ୍ଡ ଓ ସମୁଦ୍ର ହୋଇ ଉଠିବ
ସ୍ଫୀତ ଓ ବୁଡ଼େଇ ଦେବ
ଅନେକ କୋଠାବାଡ଼ି ଓ ସହର
ଉତ୍‌କ୍ଷିପ୍ତ ସମୁଦ୍ର କୂଳର ।

ଚିଲଟି ଆକାଶରେ କାଟୁଛି ଚକ୍‌କର
କିନ୍ତୁ ହଠାତ୍ ଖସିପଡ଼ିଲା ତଳେ
ଉତ୍ତପ୍ତ ଆକାଶର ଖଇଫୁଟା ତାତିରେ
ନା ଅଂଶୁଘାତରେ
ନା ସରିଗଲା ଆୟୁଷ ତା'ର
ଅପରିଣାମଦର୍ଶୀ ମାନବକୁ ପଚର ।

ସେ ହିଁ ଦାୟୀ ପୃଥିବୀକୁ
କରିବାରେ ଉତ୍ତପ୍ତ ଓ ଜହର
ପୃଥିବୀମାତାର ଶାଢ଼ିସାରା ପ୍ରଚଣ୍ଡ ପ୍ରଦୂଷଣ ।
ସେ ଏବେ କରିବ ଉଦଣ୍ଡ ନୃତ୍ୟ
ମା' ଦୁର୍ଗାଙ୍କ ଭଳି
ମହୀଷାସୁରର ହେବ ନିଶ୍ଚିତ ମରଣ ॥

•

ପ୍ରଦୂଷଣର ପରଦାରେ

ପ୍ରଦୂଷଣର ପରଦାରେ
ଢାଙ୍କି ହୋଇଛନ୍ତି ତାରାମାନେ ଏବେ
ମୋଟେ ଦିଶୁନାହାନ୍ତି
ଏପରିକି ଅମା ଅନ୍ଧକାର ରାତ୍ରିରେ ।

ଆମର ପିଲାଦିନେ
ଗାଁ ଗଣ୍ଡାରେ ଆକାଶ ଥିଲା ନିର୍ମଳ
ରାତିରେ ତାରାମାନେ
ସେମାନଙ୍କର ଦପ୍ ଦପ୍ ମୁହଁମାନ
ସ୍ପଷ୍ଟ ଭାବେ ଦେଖଉଥିଲେ ଆମକୁ
କି ସୁନ୍ଦର ଚକ୍ ଚକ୍ ଦିଶୁଥିଲା
ସଂଧ୍ୟା ତାରା, କୁଆଁ ତାରା
ରାତିର ଆକାଶରେ ଉକୁଟି ଉଠୁଥିଲା
ପିଙ୍ଗଳ ମଙ୍ଗଳ ତ ଶୁଭ୍ର ଦିଶୁଥିଲା
ଶନି ଗ୍ରହ ସ୍ଥିର ଆଲୋକରେ ।
ପୂର୍ଣ୍ଣମୀରେ ଗୋଲଗାଲ ଜହ୍ନ
ମୋହି ନେଉଥିଲା ମନ
ଜହ୍ନର ଜୋଛନାରେ
ପୃଥିବୀ ହେଉଥିଲା ତନ୍ଦ୍ରାଚ୍ଛନ୍ନ ।

ଗଭୀର ରାତ୍ରିରେ
ଦୂରରୁ ଶୁଭୁଥିଲା କାହାର
ମନଜିଣା ବଂଶୀସ୍ୱନ
ପୃଥବୀମାତାର ସମ୍ମୋହିତ କୋଳରେ

ସମସ୍ତେ ଦେଖୁଥିଲେ ସବୁଜ ସପନ ।
ଅଚିନ୍ତାରେ, ଶାନ୍ତିରେ, ନିର୍ଭୟରେ
ସାତ୍ତ୍ୱିକ ଭାବନାରେ ମଜ୍ଜି
ବାହୁଥିଲେ ଜୀବନର ତରୀ
ଅର୍ଥପୂର୍ଣ୍ଣ ଥିଲା ମହାର୍ଘ ଜୀବନ ।

ଆଜିର ପୃଥିବୀ କିନ୍ତୁ ଧୂମ୍ରାଚ୍ଛନ୍ନ
ସୁନାମୀ, ବାଦଲଫଟା ବର୍ଷା
ପ୍ରଚଣ୍ଡ ଘୂର୍ଣ୍ଣିବାତ୍ୟା, ଅଂଶୁଘାତ
ଦାବାଗ୍ନି, ମରୁ-ମେରୁ ଝଡ଼ ଓ ସ୍ଖଳନ
ମନୁଷ୍ୟକୃତ ଅପରିଣାମଦର୍ଶିତାରେ ଆଚ୍ଛନ୍ନ
ଜଳ, ସ୍ଥଳ, ଆକାଶ, ପାହାଡ଼, ପର୍ବତ
ଚତୁର୍ଦ୍ଦିଗେ ପ୍ରଦୂଷଣର କରାଳ ଛାୟା
ଜୀବଜନ୍ତୁ ସଭିଏଁ ଆତଙ୍କିତ
ମୃତ୍ୟୁର ଦ୍ୱାରଦେଶରେ ଉପନୀତ
ତ କେତେକ ଚିରଦିନ ପାଇଁ
ଧରଣୀ ପୃଷ୍ଠରୁ ଅନ୍ତର୍ହିତ ।

ଆଖି ଫାଡ଼ି ଦେଖ ଏବେ
ପୃଥିବୀମାତାର ଚକ୍ଷୁ ରକ୍ତାଭ
କ୍ରୋଧ ଜର୍ଜରିତ
ନିଶ୍ଚୟ ସେ ନେବ ପ୍ରତିଶୋଧ ।
ତ୍ରିଶୂଳ ଧରି ସିଂହବାହନରେ
ହେବ ଅବତୀର୍ଣ୍ଣା
ପାପୀ, ଦୂରାଚାରୀ, ପ୍ରତାପୀମାନଙ୍କୁ
ସମୂଳେ କରିବାକୁ ନିଶ୍ଚିହ୍ନ ।
ପୁଣିଥରେ ସତ୍ୟଯୁଗର କି
ହେବ ଆଗମନ !

ଆପେକ୍ଷିକ ତତ୍ତ୍ୱ

ଆଖିରେ ଦେଖୁଥିବା ସବୁକଥା
ସତ ହୁଏନା ବୋଲି କହିଲେ
ଜଣେ କହିବ ଏ ବୋଧେ
ସତ୍ୟର କରୁଚି ଅପଲାପ ।

ଧର୍ମବକଙ୍କ 'ସତଠାରୁ ମିଛ
କେତେ ଦୂର' ପ୍ରଶ୍ନର ଉତ୍ତର
ଦେବାକୁ ଯାଇ କହିଥିଲେ ପରା ଯୁଧିଷ୍ଠିର
'ଚାଖଣ୍ଡେ ମାତର'
ଯେଣୁ ଆଖି ଯାହା ଦେଖେ
ସବୁ ସତ୍ୟ
କିନ୍ତୁ କାନ, ଯାହା ଆଖିଠାରୁ
ଚାଖଣ୍ଡେ ଦୂର, ଯାହା ଶୁଣେ
ତାହା ହୋଇପାରେ ମିଥ୍ୟା ।
ତେଣୁ ଆମେ ନିଶ୍ଚିତ ଯେ
ଆଖି ଯାହା ଦେଖେ ତାହା ସତ୍ୟ ।

ସେଦିନ ଆଖିରେ ଯାହା ମୁଁ ଦେଖିଲି
ତାହା କିନ୍ତୁ ଥିଲା ସତ୍ୟର ଅପଲାପ ।
ଟ୍ରେନରେ ବସି ଯାଉଥିବା ବେଳେ
ଟ୍ରେନ୍ ଅଟକିଲା ଗୋଟିଏ ଷ୍ଟେସନରେ
ଆଲୁଚପ୍, ବରା କିଣି ସିଟ୍‌ରେ ବସି ଖାଇଲାବେଳେ

ଆମ ଟ୍ରେନ୍ ପାଖରେ ଆଉ ଗୋଟିଏ ଟ୍ରେନ୍
ଗଲାବେଳେ ବିପରୀତ ଦିଗରେ
ମୋତେ ଲାଗିଲା ଯେ
ଆମ ଟ୍ରେନ୍ ଚାଲୁଚି ଯେପରି ଆଗକୁ ଆଗକୁ,
କିନ୍ତୁ ଟ୍ରେନ୍‌ର ଏପଟକୁ ଚାହିଁଲା ବେଳକୁ
ଦେଖିଲି ଯେ ଆମ ଟ୍ରେନ୍ ଚଳୁନି, ଅଛି ସ୍ଥିର
ପ୍ଲାଟଫର୍ମରେ ଲାଗିଚି ଗହଳି ଚହଳି
ତେଣୁ ମୁଁ ସ୍ଥିର ନିଶ୍ଚିତ ହେଲି ଯେ
ଆଇନ୍‌ଷ୍ଟାଇନ୍ ଯାହା କହିଥିଲେ
ତାହା ସତ ଏକବାରେ
ଆଖି ମଧ୍ୟ ଧୋକା ଖାଇଯାଏ ବେଳେବେଳେ
ସତ୍ୟ ପରି ।

ତେଣୁ ମୋତେ ଲାଗିଲା
ଯୁଧିଷ୍ଠିରଙ୍କ ଉତ୍ତର ସତ ନୁହେଁ
ଶତକଡା ଶହେ ଭାଗ,
ସବୁ ହୋଇଯାଏ ଓଲଟପାଲଟ
ଆପେକ୍ଷିକ ତତ୍ତ୍ୱରେ ॥

ଏଇ ଲେଖକଙ୍କ ପ୍ରକାଶିତ ପୁସ୍ତକ

କବିତା ସଂକଳନ:

୧. "ଶାନ୍ତି", ୟୁନିକ୍ ପବ୍ଲିଶର୍ସ, କଟକ, ୨୦୦୨

୨. "ଅନ୍ଧାରରେ ଇନ୍ଦ୍ରଧନୁ", ଅନ୍ୱେଷଣ ପ୍ରକାଶନୀ, ଭୁବନେଶ୍ୱର, ୨୦୦୭

୩. "ନଷ୍ଟ ନକ୍ଷତ୍ର", ସୁଧନ୍ୟା ପ୍ରକାଶନୀ, ଭୁବନେଶ୍ୱର, ୨୦୧୩

୪. "ଶବ୍ଦମାନଙ୍କୁ ନେଇ ସ୍ୱପ୍ନ", କାହାଣୀ, କଟକ, ୨୦୧୪

୫. "ଅଦୃଶ୍ୟ ଚିତ୍ରପଟ", ଅନ୍ୱେଷଣ ପ୍ରକାଶନୀ, ଭୁବନେଶ୍ୱର, ୨୦୧୫

୬. "The Rainbow in Darkness", ଏସ୍‌ଏସ୍‌ଡିଏନ୍ ପବ୍ଲିଶର୍ସ ଓ ଡିଷ୍ଟ୍ରିବ୍ୟୁଟର୍ସ, ନୂଆଦିଲ୍ଲୀ, ୨୦୧୪

୭. "ପଞ୍ଜୁରୀର ପ୍ରଜାପତି", ପବ୍ଲିଶିଂ ହାଉସ, ଭୁବନେଶ୍ୱର, ୨୦୧୭

୮. "ନିଃଶବ୍ଦ ବଂଶୀସ୍ୱନ", ବ୍ଲାକ ଇଗଲ ବୁକ୍ସ, ଆମେରିକା, ୨୦୨୧

୯. "The Butterfly of the Cage", ବ୍ଲାକ ଇଗଲ ବୁକ୍ସ, ଆମେରିକା, ୨୦୨୩

୧୦. "नि :शब्द वंशीस्वन" (ଅନୁବାଦ: ଡା. ଅଜିତ୍ ପ୍ରସାଦ), ଅଥର୍ସ ପ୍ରେସ୍, ନୂଆଦିଲ୍ଲୀ, ୨୦୨୪

୧୧. "The Silent Flute", ବ୍ଲାକ ଇଗଲ ବୁକ୍ସ, ଆମେରିକା, ୨୦୨୪

୧୨. "ସହସ୍ର ଜହ୍ନର ରାତି", ବ୍ଲାକ ଇଗଲ ବୁକ୍ସ, ଆମେରିକା, ୨୦୨୫

ଗଳ୍ପ ସଂକଳନ :

୧୩. "ମରୀଚିକାରେ ମଣିଷଟିଏ", ନୂଆଯୁଗ, ବାଲେଶ୍ୱର, ୨୦୦୦

ଲୋକପ୍ରିୟ ବିଜ୍ଞାନ ପୁସ୍ତକ:

୧୪. "ଉପକାରୀ ଉଦ୍ଭିଦ", ଦିବ୍ୟଦୂତ ପ୍ରକାଶନୀ, କଟକ, ୨୦୦୩

୧୫. "ଉଦ୍ଭିଦମାନଙ୍କ ମଧ୍ୟରେ ଘୃଣା ଓ ପ୍ରେମ", ଜଗନ୍ନାଥ ରଥ, କଟକ, ୨୦୧୨

୧୬. "ଜିନ୍ ବିଜ୍ଞାନର ଜୟଯାତ୍ରା", ଜ୍ଞାନଯୁଗ ପବ୍ଲିକେଶନ, ଭୁବନେଶ୍ୱର, ୨୦୧୪
(ଓଡିଶା ବିଜ୍ଞାନ ଏକାଡେମୀ ପୁରସ୍କାର, ୨୦୧୫, ରାଜଧାନୀ ପୁସ୍ତକମେଳା ପୁରସ୍କାର, ୨୦୧୪ ଏବଂ କଳିଙ୍ଗ ପୁସ୍ତକମେଳା ପୁରସ୍କାର, ୨୦୧୬)

୧୭. "ମାନବ ସେବାରେ ଉଦ୍ଭିଦ", ଜ୍ଞାନ ବିଜ୍ଞାନିକା, କଟକ, ୨୦୧୫ (ଭୁବନେଶ୍ୱର ପୁସ୍ତକମେଳା ପୁରସ୍କାର, ୨୦୧୭)

୧୮. "ବିଜ୍ଞାନର ଦର୍ପଣରେ ଆଜି", ଶକ୍ତି ପବ୍ଲିଶର୍ସ, କଟକ, ୨୦୧୬

୧୯. "ଫଳ ଖାଇବା ସୁସ୍ଥ ରହିବା", ଜ୍ଞାନଯୁଗ ପବ୍ଲିକେଶନ, ଭୁବନେଶ୍ୱର, ୨୦୨୩

୨୦. "ଭାରତର ଚନ୍ଦ୍ର ଅଭିଯାନ", ଜ୍ଞାନଯୁଗ ପବ୍ଲିକେଶନ, ଭୁବନେଶ୍ୱର, ୨୦୨୩

୨୧. "ଆହା କି ସୁନ୍ଦର ଫୁଲ ରାଇଜ", ପବ୍ଲିଶିଂ ହାଉସ, ଭୁବନେଶ୍ୱର, ୨୦୨୪

ବୈଜ୍ଞାନିକ ଉପନ୍ୟାସ:

୨୨. "ମଙ୍ଗଳ ପଥେ", କିତାବ ଭବନ, ଭୁବନେଶ୍ୱର, ୨୦୧୯

ସଂପାଦନା ପୁସ୍ତକ:

୨୩. ଦିବଂଗତ କବି ହରିହର ସାହୁଙ୍କ କବିତା ସଂକଳନ: 'ଜୀବନ ମରଣ ସଖା', ଜ୍ଞାନଯୁଗ ପବ୍ଲିକେଶନ୍, ଭୁବନେଶ୍ୱର, ୨୦୧୪

ସାଧାରଣଜ୍ଞାନ ପୁସ୍ତକ:

୨୪. "ଆଜିର ଦିବସ", ଶକ୍ତି ପବ୍ଲିଶର୍ସ, କଟକ, ୨୦୧୬

ପାଠ୍ୟ ପୁସ୍ତକ:

୨୫. "ମାଧ୍ୟମିକ ବିଜ୍ଞାନ", ଦ୍ୱିତୀୟ ଖଣ୍ଡ (ସହଲେଖକ) (ହାଇସ୍କୁଲ ଛାତ୍ରଛାତ୍ରୀମାନଙ୍କ ପାଇଁ), ୧୯୮୮

୨୬. "ସେଲ୍‌ଫ ଆସେସ୍‌ମେଣ୍ଟ ଇନ୍ ବଟାନି", ବିଦ୍ୟାପୁରୀ, କଟକ, ୧୯୯୨

୨୭. "ଏ ଟେକ୍ସଟ୍‌ବୁକ୍ ଅଫ୍ ପ୍ରାଟିକାଲ୍ ବଟାନି", ୟୁନିକ ପବ୍ଲିଶର୍ସ, କଟକ, ୨୦୦୭

କଲ୍ୟାଣୀ ପବ୍ଲିଶର୍ସ, ଲୁଧିଆନାଙ୍କ ଦ୍ୱାରା ଉଚ୍ଚ ମାଧ୍ୟମିକ (ସିବିଏସ୍‌ଇ /ଆଇସିଏସ୍‌ଇ/ ଏନ୍‌ସିଇଆରଟି ସିଲାବସ) ଓ ସ୍ନାତକ ଶ୍ରେଣୀ (ସିବିସିଏସ୍ ସିଲାବସ୍) ପାଇଁ ୩୫ ଖଣ୍ଡ ପାଠ୍ୟ ପୁସ୍ତକ ପ୍ରକାଶିତ । ମୋଟ ପ୍ରକାଶିତ ପୁସ୍ତକ: ୬୨ ଖଣ୍ଡ ।

BLACK EAGLE BOOKS

www.blackeaglebooks.org
info@blackeaglebooks.org

Black Eagle Books, an independent publisher, was founded as a nonprofit organization in April, 2019. It is our mission to connect and engage the Indian diaspora and the world at large with the best of works of world literature published on a collaborative platform, with special emphasis on foregrounding Contemporary Classics and New Writing.

www.ingramcontent.com/pod-product-compliance
Lightning Source LLC
Chambersburg PA
CBHW060617080526
44585CB00013B/872
9781645606864